Für meine Familie

Erich Maier

Bedingungen menschlichen Seins

Briefe an Mikaela Shiffrin

Bibliografische Information der Deutschen Nationalbibliothek:
Die Deutsche Nationalbibliothek verzeichnet diese Publikation in der
Deutschen Nationalbibliografie; detaillierte bibliografische Daten sind im
Internet über http://dnb.dnb.de abrufbar.

Grafik: Merkushev Vasiliy/ Shutterstock.com

Herstellung und Verlag: BoD – Books on Demand, Norderstedt

ISBN: 9783753464954

Es ist der fünfte März 2021 und draußen ist es kalt und grau. Auf der Fichte gegenüber sitzt eine Taube ganz oben links am Wipfel und dreht ihr Köpfchen. Ganz leicht scheint es zu schneien, aber der Boden wird nicht mehr weiß. Ich denke an Thomas von Aquin.

Im Vorjahr habe ich einen Text hin getippt, eine Anthropologie, und jetzt muss ich noch eine kurze Hinführung dazu verfassen. Was soll ich schreiben? Der Text ist an Mikaela Shiffrin adressiert in Form von fiktiven Briefen. Sie ist mir schon bei ihren ersten Siegen aufgefallen im Jahr 2012 oder 13. Warum, weiß ich nicht. Aber jedenfalls ist es schon ein Cross-over von der Philosophie zum Schisport, und vielleicht erhöht es ja auch die Auflagenzahl, wenn man einen weltbekannten Spitzensportler mit einbezieht! Ein wenig Bauernschläue muss man mir schon zugestehen! Aber Mikaela hat in jüngsten Interviews angedeutet, dass sie sich auch für die Sprache interessiert, vielleicht sogar damit arbeitet – aber mein Englisch ist nicht gut genug für derartige Interpretationen …

Also, worum geht es dann? Nach diversen, persönlichen Erfahrungen hatte ich mir Gedanken gemacht über Begriffe, die mit dem Menschen zu tun haben. Sie bilden mehr oder weniger den Inhalt der Briefe. Und ich könnte einen Bogen ziehen anhand von nur zwei Wörtern, der Sprache und der Natur. Menschen sind „auf der Welt", um ihre Sprache zu lernen, und das Ganze wird umfasst oder getragen von der Natur. Die Religion kann dem Menschen dabei helfen, eine Orientierung bieten, nicht nur in ethischer Hinsicht. Aber im Grunde muss der Mensch versuchen, mit seiner Sprache fertig zu werden, und etwa Erfahrungen „veränderter Bewusstseinszustände" können dafür zum Impulsgeber werden. Man versäumt andererseits auch nichts, wenn man sich nie darum kümmert, denn der Prozess des Sterbens führt einen ohnedies zurück zur Natur. Näheres dann in den folgenden Seiten!

Viel Spaß beim Lesen – und haltet die Ohren steif!

25. März 2020

Liebe Mikaela,

bitte verzeih, wenn ich Deine Zeit etwas in Anspruch nehme! Ich habe etwas gefunden, das ich Dir unbedingt mitteilen möchte, weiß aber nicht so genau, wie, und das heißt, ich werde einige Briefe lang dazu brauchen!

Wer ich bin? Eigentlich ein Niemand, der nicht einmal über sein Alter so genau Auskunft geben kann! Spaß beiseite, ich habe Philosophie studiert, schreibe ganz gerne, und mache mir so meine Gedanken über das menschliche Leben. Und ich interessiere mich für Sport, obwohl ich selbst nie auf den Gedanken kommen würde, so etwas professionell zu betreiben! Also, ich bewundere Dich und was Du in so kurzer Zeit alles erreicht hast, aber es ist nicht nur das: Du scheinst jemand zu sein, der auch noch andere Interessen hat, und deshalb, ja ganz einfach deshalb schreibe ich Dir diese Briefe!

Worum es geht? Wie gesagt, das ist nicht so einfach zu beschreiben, und ich würde Dich vielleicht etwas abschrecken, wenn ich mich gleich in medias res stürzte: Es gibt da so einen Ausdruck, ‚conditio humana', wörtlich übersetzt der „menschliche Zustand", also die Grundbedingungen der menschlichen Existenz und ihre Auswirkungen auf das Bewusstsein, das Gemüt, die Seele. Ich würde ja meinen, die Conditio humana besteht in der menschlichen Sprache und deren Auswirkungen auf die Wirklichkeit, was wiederum ein Auftrag wäre, die eigene Sprache ab und an auch mal zu reflektieren. Aber als Motivation ist das wohl nicht ganz ausreichend! Daher etwas anders formuliert: Es geht um die Freiheit, das innere Bewusstsein,

7

endlich einmal ans Ziel kommen zu können, Frieden zu finden als Belohnung für all die Anstrengungen des Lebens. Die Philosophie hat ja den Ruf, eine gute Einschlafhilfe zu sein, und vielleicht möchte ich genau das Gegenteil beweisen! Man kann auch durchaus etwas Interessantes erfahren, was sich diesem Gebiet zuordnen lässt!

Was ist eigentlich Philosophie? Auch diese Frage lässt sich nicht so einfach – falls überhaupt – beantworten, und daher führe ich nur meine eigene Meinung dazu an: Philosophie ist der Versuch, etwas über den Geist zu sagen. Der Geist wiederum entsteht im einzelnen Menschen, wenn er Dinge kennenlernt im Laufe seiner Entwicklung, welche ihrerseits Ergebnisse von Konventionen sind, mithin der Kultur. Der Geist aber lässt den Menschen andererseits auch nicht zur Ruhe kommen, selbst wenn er das verdient hätte. Er bildet eine ständige Spannung im Bewusstsein, stichelt gegen die Natur, obwohl er selbstverständlich auch von dort herkommt, trägt eher zu Verdruss als zur Zufriedenheit bei. Aber er ist nur sehr schwierig zu fassen, eigentlich nur über die innere Zeit, wenn man diese genau trifft. Doch damit gehe ich schon zu sehr ins Detail! Soviel sei aber schon vorweggenommen: Man kann den Geist auch auflösen, einfach so, sodass er verschwindet, ohne jemals wieder zurückzukommen! In der Praxis ist das aber alles andere als einfach, und auch davon werden meine Briefe handeln.

Apropos handeln: Eine zweite Bestimmung des Wortes Philosophie ist meiner Meinung nach der Bezug zur persönlichen Ethik: Philosophie ist die Reflexion auf das eigene Handeln. Das kann aber logischerweise nicht an der Universität verlangt werden und öffnet das vage Gebiet der Philosophie andererseits aber auch für viele Menschen, die sich nicht kognitiv so sehr damit beschäftigen. Hier kommt es aber, wie sofort klar wird, zu Überschneidungen etwa mit der Religion und im weiteren Sinne auch mit der Psychologie. Ethik ist ein weites Gebiet, heute sehr wichtig und lässt sich aber meiner Meinung nach auf einen einzigen Grundsatz reduzieren: Ehrlichkeit zu sich selbst.

Und damit kommt auch schon die Sprache ins Spiel, einerseits die Dauer als deren Voraussetzung und andererseits die Gemeinschaft als Träger der Sprache. Das Ich ist der bewegliche, hin und her flitzende Bezugspunkt, der den Raum der Sprache im Bewusstsein auslotet und beleuchtet. Und dazu steht dem Ich auch noch der größere Raum des Unterbewusstseins zur Verfügung, allerdings ist dieser dem bewussten Planen entzogen. Der Mensch fokussiert auf das Ich und geht damit auch implizit eine Verpflichtung ein, sich sozusagen den Regeln der Allgemeinheit weitgehend anzupassen. Er strebt ja auch nach Anerkennung durch die Gemeinschaft.

Und dann möchte ich noch eine letzte Bestimmung des Ausdrucks Philosophie anführen: Die Erfahrung des Todes ist der Anfang des Philosophierens. „Tod" ist ja wohl ein Wort, bei dem man erschrickt oder je nachdem andere Gefühle hat. In Zeiten der Coranavirus-Krise braucht man dazu wohl nichts weiter zu sagen! Man kann den Tod anderer Menschen erleben, den eigenen Tod kann man jedoch nicht vorwegnehmen. Und dennoch gibt es Erlebnisse, welche das eigene Bewusstsein ein wenig verändern können und damit auch die Struktur des Ichs beeinflussen, etwa ein Unfall, eine schwere Erkrankung, eben der Tod eines Angehörigen, aber auch andere veränderte Bewusstseinszustände wie zum Beispiel das in den vergangenen Jahrzehnten bekannter gewordene Phänomen der Nahtoderfahrungen. Ganz genau genommen ist jede weitere Erfahrung oder Wahrnehmung in gewisser Weise ein „Tod" des Ichs, weil im Prozess der Natur kein folgender Moment dem vorhergehenden vollständig gleicht. Die Dauer, die neben der Sprache die wichtigste kognitive Struktur des Verstandes ist, wäre also letztlich von vornherein eine Illusion.

Ich hatte auch ein paar solche Bewusstseinserlebnisse, welche ich mir zum Teil damals gar nicht erklären konnte, die ich aber hier nicht im Einzelnen darstellen will. Nur so viel: Ich sehe mir jetzt die Sprache an und schreibe die Ergebnisse auf. Das ist sozusagen mein Dienst an der Allgemeinheit.

Aber, um oben anzuschließen, selbstverständlich kann ich nicht behaupten, die Strukturen der menschlichen Psyche zu durchschauen, doch scheint mir etwa der Faktor Besitz so ziemlich am Beginn der inneren Verwicklungen zu stehen, und das völlig unbewusst! Ein Kleinkind hat noch keinen Besitzanspruch, möchte aber dennoch irgendetwas haben, mit dem es vielleicht gerade zu tun hat. Und es verkehrt dabei die realen Besitzverhältnisse ins Gegenteil. Verallgemeinert: Der Mensch glaubt, die Natur zu besitzen, und dabei wäre es eigentlich umgekehrt! Und das ist nicht nur eine unnötige Augenauswischerei, denn die Kognition Zeit leitet sich direkt aus diesem Missverhältnis ab! Mit der Akzeptanz von Zeit sind wiederum latente Schuldgefühle verbunden, welche einen Bewusstseinsbereich etablieren, der kaum jemals zu Bewusstsein kommt, das Unbewusste also, und dort muss sich wohl eine inkorrekte Verbindung zwischen dem Einzelnen und dem durch alle Konventionen suggerierten, unbestimmten Kollektiv abspielen, mithin ein Knoten, den der Verstand gar nicht wahrnehmen oder thematisieren kann! Das geht nur durch den „Tod" des Bewusstseins oder eben die Auflösung des Geistes, denn Letzterer ist ein Produkt der Konventionen im Singulären, in der jeweils konkreten Gegenwart.

Mit der menschlichen Kultur ist wohl auch so etwas wie die Lüge in die Welt gekommen, und Welt meint wohl in erster Linie die innere Repräsentation der äußeren Realität. Lüge ist einerseits vielleicht nichts weiter als Ungenauigkeit, welche durch den dauerhaften Charakter der Worte schon einmal grundgelegt ist, und andererseits stellt das Ich eine paradoxe Selbsteinbeziehung in die Lüge dar verbunden mit der ständigen Furcht, in einen eben dadurch vorgestellten, fiktiven Abgrund der Lüge zu stürzen. Das Ich muss also, bildlich vorgestellt, ständig „hüpfen", um nicht mit einem Boden in Berührung zu kommen, vor dem es sich zu Unrecht fürchtet – eine ziemlich seltsame, auf die Dauer aber wohl auch einigermaßen anstrengende Situation! Und vielleicht gibt es ja auch gar keinen solchen Boden, vielleicht sind wir ja alle von Gottes Hand gehalten oder schweben in Buddhas Universum …

Mikaela, ich glaube, es wird deutlich, dass es hier genügend Sachen gibt, auf die man näher eingehen kann! Ich kann leider nicht versprechen, dass diverse Gedankensprünge immer einfach nachzuvollziehen sein werden, manchmal komme ich ja selber kaum nach! Aber ich werde mir Mühe geben, Inhalte, die es wert sind, auch irgendwie zu transportieren! Und ich freue mich, wenn jemand wie Du sich die Mühe macht, das auch noch zu lesen!

Herzliche Grüße,

Erich Maier

31. März 2020

Liebe Mikaela,

wir alle sprechen eine Sprache.

Wenn ich diesen einfachen und, wie ich zugebe, nicht sehr aussagekräftigen Satz nehme und die einzelnen Worte interpretiere, worin ich nicht sehr gut bin, so ergeben sich jeweils verschiedene Schattierungen. Eine Sprache kann bedeuten: zumindest eine, aber auch eine ganz bestimmte, unter Umständen dieselbe; wir bezieht sich auf Menschen – Tiere haben ja auch eine Sprache, Pflanzen auch, ja vielleicht sogar Steine –, kann aber auch eine bestimmte Volksgruppe meinen usw.; sprechen kann die allgemeine Tatsache meinen, so wie braunes Haar, kann aber auch eine konkrete, vorsätzliche Handlung sein; alle kann die Mitglieder einer kleinen Gruppe bezeichnen, zumindest zwei, kann aber bis zur Menschheit ausgedehnt werden und eine bestimmte Eigenschaft derselben bezeichnen, eben die menschliche Sprache als wesentliches Konstituens des Verstandes und damit zugleich auch die Vorannahme, dass das jeweilige Bewusstsein der einzelnen Personen mehr oder weniger vergleichbar ist oder wäre. Und Sprache möchte ich mir in dieser unvollständigen Aufstellung zunächst ersparen!

Man könnte noch viele weitere Bedeutungsnuancen dieses Satzes anführen, aber das ist ohnedies nichts weiter als eine Spielerei! Dennoch handelt dieses ganze Buch von der Sprache, und es wäre an dieser Stelle ein Inhaltsverzeichnis angebracht. Bei Briefen ist das aber wohl nicht üblich, und deshalb liste ich hier nur ganz kurz ein paar Wörter auf, um die es im Folgenden immer wieder gehen wird:

Sprache, Ich, Bewusstsein, Geist, Leben, Denken und Verstand, Dauer, Existenz, Seele, Selbst, Natur, Gefühle, Emotionen, Liebe, Angst und Stolz, Nichts, Welt, Wille, Verantwortung, Wahrheit, Wirklichkeit, Zeit, Subjekt und Objekte, Ehrlichkeit, Ethik. Auch noch ein paar andere Themen werden erörtert oder kurz gestreift werden wie etwa das Sein, selbstverständlich die Religion, aber auch der ganz konkrete Alltag soll nicht zu kurz kommen!

Wenn ich mir jetzt einen Menschen vorstelle oder sein Bewusstsein, dann kann dieses in verschiedene Schichten unterteilt werden, welche zu einem Ganzen verbunden sind. In Religionen, in der Spiritualität gibt es dazu verschiedene Modelle, und ich habe mir, was ich als Privatperson ja darf, mein eigenes daraus gebastelt. Nur muss ich das halt dazusagen! Und all diese Schichten zeichnen sich dadurch aus, dass sie sowohl sprachlich beschrieben werden können, als auch, sozusagen in der Innenansicht, bestimmte Funkionen im Hinblick auf die Sprache der jeweiligen Person haben.

Also, da wäre einmal der Körper eines Menschen, seine natürliche Ausstattung oder, wie ich das auch bezeichnen würde: sein Selbst. Die nächste Schicht sind die allerersten, natürlichen Empfindungen, also die Gefühle, Diese können in der Innenperspektive bereits einfach ausgedrückt werden; „Ich bin hungrig" oder so. Später in der Entwicklung kommen hier auch noch die Emotionen dazu, aber dafür bedarf es bereits des Beherrschens der Sprache. Die dritte Schicht ist wohl am leichtesten mit ‚abstrakte Strukturen' zu beschreiben, von ganz einfach – man erkennt zum Beispiel eine Linie als horizontal oder gerade – bis etwa hin zum komplexen Aufbau des Versicherungswesens. Und die vierte Schicht, um es kurz zu machen, ist die Sprache selbst.

Hier kommt es dann zu einem kleinen Umschlag, denn geht man durch diese vierte Ebene hindurch, erhält das Ganze eine andere Qualität: quasi von der Theorie zur Praxis, von der Kognition zur Wirklichkeit. Die fünfte Ebene ist die des Handelns, der Verantwortung und, um ein religiöses Wort zu verwenden: der Bereich der Seele. Man sollte nicht vergessen, dass auch hier die Sprache wirksam ist, obwohl deren eigene Domäne bereits „darunter" liegt! Die sechste Schicht umfasst dann die Innenrepräsentation des persönlichen Umfelds eines Menschen, also mich und die anderen. In der spirituellen Literatur wird auf diese Schicht als das „Selbst" Bezug genommen, und dem schließe ich mich gerne an. Da ich das Selbst aber bereits für den Körper, also die Natur genommen habe, ergibt sich daraus einfach der Schluss, dass jenseits oder ‚über' der Sprache ebenfalls wieder eine Tendenz hin zur Natur stattfindet, diesmal jedoch unter Einbeziehung und Akzeptanz der Sprache selbst. Die Betonung liegt dann auf dem natürlichen Charakter der zwischenmenschlichen Beziehungen des eigenen Umfelds. Und die siebte Schicht zum Abschluss ist dann die Wiederherstellung der Natur unter Einbeziehung der Kultur, sozusagen zugleich die Krone und das Nichts, zustande gekommen durch das Erlöschen des Geistes, eine kurzfristige Unterbrechung der Dauer des Bewusstseins, wahrgenommen als Leere und dann wieder als Fülle, als berückende Freude, weil das Ziel der Existenz erreicht ist.

Ich brauche nicht zu beschönigen, dass dieses Modell nur ein vorläufiges ist, lückenhaft, unscharf, keinesfalls wie der fertige Rohbau eines Gebäudes. Und ich darf dabei auf eine prominente spanische Mystikerin verweisen, Teresa von Avila, welche in ihrem Buch „Innere Burg" betont, dass die sieben Kammern, von denen dort die Rede ist, flexibel angeordnet sind und sozusagen ihren Status verändern können. Die indische Spiritualität kennt Systeme mit sieben

Chakren, die jüdische Mystik ein Modell mit 10 Sefirot, die in sieben Ebenen angeordnet sind, und im Zen-Buddhismus oder auch schon im indischen Buddhismus gibt es die Geschichte von der Zähmung eines Rindes, welche in acht oder zehn Bildern dargestellt wird, als Metapher für die Zähmung und das Erlöschen des Geistes.

Man könnte aber einfach auch zur geläufigen Unterteilung der menschlichen Ganzheit in Körper, Geist und Seele zurückkehren, wenn man zwei Schichten des obigen Modells jeweils zusammenfasst. Diese Unterscheidung bezeichnet jedoch den Prozess des Bewusstseins, das heißt, solange noch daran gearbeitet wird, und ein Bewusstsein, das alle Nuancen der Sprache fühlt, kann rasten! Im Grunde verändert es sich dann auch nicht mehr, denn was könnte ein Mensch an der Natur perfektionieren?

Müßig zu erwähnen, dass auch alle anderen spirituellen Richtungen ihre eigene Symbolik entwickelt haben, ihren eigenen Ausdruck für im Grunde denselben Bewusstseinsprozess, Sufismus, tribal religions – aber eine solche Aufzählung kann nicht vollständig sein! Und sogar im traditionell nicht so religionsaffinen chinesischen Denken gibt es ein Modell von drei „Zinnoberfeldern", feuerartig aktivierten Bereichen des Innenlebens, welche einerseits zur Läuterung führen können und andererseits auch bestimmte Eigenschaften eben dieser Bereiche und dieser Person zum Vorschein bringen. Es brennt sozusagen, aber das Feuer erlischt auch immer wieder, denn der erhöhte Energieverbrauch kann nicht auf Dauer durchgehalten werden.

Ich weiß nicht, ob es angebracht ist, hier aus meiner bescheidenen Erfahrung zu erzählen, aber ich möchte auf jeden Fall den Eindruck vermeiden, esoterisch allzu interessiert zu erscheinen! Wie gesagt, mir geht es hier um Philosophie, und diese ist schon schwierig genug zu definieren, aber manche Erfahrungen können das Bewusstsein „bereiten" oder in bestimmte Richtungen beeinflussen, in erster Linie in Richtung Natur, auch wenn das im Gewand der Religion oder Spiritualität daherkommt.

In meiner Kindheit war ich religiös sehr interessiert, wenn ich mich selbst auch nicht als übertrieben fromm bezeichnen würde, aber die ethischen Geschichten des Neuen Testaments haben mich beispielsweise schon sehr beeinflusst. Die Bewusstseinserlebnisse der damaligen Zeit, in den Grundschuljahren oder davor, waren zum Teil aber gar nicht so religiös, ich erinnere mich etwa an intensive Träume, in denen ich in der Luft schweben konnte, wie auf einem Sessel mit einer Vorrichtung zum Steuern, sodass ich einen Überblick über die nähere Umgebung unseres Hauses gewinnen konnte. Die Betonung lag dabei vielleicht auf der Perspektive, dem Boden enthoben, in gewisser Hinsicht sicher, relaxt und zugleich aufmerksam, in einer eigenen perspektivischen Nische sozusagen. Ich habe dabei nicht allzu viel erspäht oder erfahren, aber das Gefühl war doch eine Spur realer als eine Fantasie oder ein gewöhnlicher Traum, das Gefühl, mit dem Bewusstsein auch woanders sein zu können, vielleicht auch, ohne dabei entdeckt zu werden …

Gar nichts Besonderes also, und deshalb gleich weiter zum nächsten Eindruck, bei dem sich auch eine Verbindung zur Philosophie herstellen lässt. Etwa zur selben Zeit nutzte ich mitunter die Dämmerungsstunde der warmen Jahreszeit, um im Freien, im Hof unseres landwirtschaftlichen Anwesens, meine Kreise zu ziehen. Dabei versuchte ich nach innen zu gehen, beinahe meditativ, kindlich natürlich, aber ich kam mir dabei schon recht selbständig vor. Und worum es dabei ging, war vor allem, eine passende, die richtige oder geeignete Sprache zu finden für diverse kleine Alltagsereignisse, die sich nicht ganz zufriedenstellend entwickelt hatten, oder so. Auf gut Deutsch: Ich empfand die Möglichkeit von Schuldgefühlen und versuchte nun, die richtige Sprache für diese Situation zu finden. Den Hintergrund bildeten dabei die Geschichten des Neuen Testaments, religiöse Ethik also, aber auch das natürliche Empfinden von richtig oder falsch. Und da ich die Ergebnisse ja mit mir selbst abgleichen musste, achtete ich auch auf meine inneren Wahrnehmungen.

Und hier „eröffnete sich", was ich ja beinahe als mystisch, jedenfalls aber als sehr persönlich verstehe, eine Art innerer Raum im Bauchbereich, wohl in der Nähe des Schwerpunkts, also prosaisch gesagt mitten in den Gedärmen, welcher sich als dunkle innere Höhle mit einer hohen Ausstrahlung von Geborgenheit oder Sicherheit zu erkennen gab. Für mich war diese Wahrnehmung jedenfalls sehr attraktiv, und sie erwies auch eine relative Konstanz über zehn Minuten oder länger hinweg. Ich trabte also etwa im Kreis, dachte an eine unangenehme Situation und fühlte dabei im Inneren eine völlig andere Wahrnehmung, einen beinahe unantastbaren, inneren Ort, der vor allem Wärme vermittelte, ansonsten aber keinerlei Inhalt hatte, ein leerer, dunkler Raum, von dem ich nur hoffte, dass er nicht sogleich wieder verschwand, und der auch scheinbar über keine festen Grenzen verfügte.

Bei meinem Versuch, eine Lösung für konkrete Alltagsprobleme zu finden, welche auch als allgemein akzeptierbar erschien, war mir dieser Raum jedenfalls eine sehr große Hilfe, denn wenn ich etwa eine gefundene Phrase dort platzierte, und sie wurde aufgenommen, es veränderte sich nichts, dann konnte ich diese Lösung als eine richtige nehmen, sozusagen als zukunftstauglich verbuchen. Andernfalls verblasste der Raum zum Beispiel und ich ärgerte mich, bedauerte es zumindest.

Diese Vorstellungen mögen nun als sehr kindlich erscheinen, für mich waren sie aber in einer Phase, einem Zeitraum von ein bis zwei Jahren sehr wichtig, auch als eine Art geistiger Intimbereich, den ich nur für mich selbst hatte. Jetzt, viel später, fällt mir dazu ein philosophischer Begriff ein, und zwar gleich ein ziemlich hochgestochener, nämlich die Dialektik. Abseits von Hegel und den mannigfaltigen Interpretationsmöglichkeiten, aber doch ein wenig von dessen Geist inspiriert, scheint mir Dialektik einfach eine Verortung von Begriffen in der Wirklichkeit zu bedeuten, an diesem Beispiel noch dazu mit einer starken, ethischen Komponente. Ich mag hier nicht allzu sehr ausholen, aber es geht dabei um eine Auseinandersetzung zwischen dem Sein und dem Nichts mit den Mitteln des Denkens und dem Ziel der Wirklichkeit. Und das Nichts wird durch die Intuition, das Gefühl des Raumes vertreten. – Von all dem hatte ich als Kind selbstverständlich keine Ahnung, aber dafür hatte ich sozusagen den praktischen Zugang!

Wie gesagt, es geht hier nicht um meine Person! Man kann Persönliches nicht verallgemeinern und wohl auch nicht spirituelle Erfahrungen. Vielleicht darf ich hier einen meiner philosophischen Lieblingssätze einbringen: Wahrheit ist die Vergangenheit einer subjektiven Wirklichkeit. Alles ist eben relativ! Und dafür ist Ehrlichkeit umso wichtiger, vor allem zu und wohl auch für sich selbst!

Etliche Jahre später, ich absolvierte gerade die siebente Klasse der Mittelschule und wohnte in einem religiös geprägten Internat, hatte ich ein weiteres Erlebnis, das noch dazu völlig unerwartet und überraschend auftrat: die Wahrnehmung einer beinahe feuerartigen Energieaktivierung im oberen Brustbereich zum Hals hin. Und das Ganze war nur in der Innenperspektive zu erkennen! Beim ersten Mal war ich innerlich völlig aus dem Häuschen, durfte das aber nicht zeigen, weil die Internatsklasse gerade an einem Aufsatz zum Thema der persönlichen Zukunftsperspektive, oder so, arbeitete, was etwas heikel war, weil man da ja auch Farbe bekennen sollte hinsichtlich der Frage, ob man sich einen geistlichen Beruf für sich vorstellen konnte. Ich wollte das nicht ausschließen, musste es aber ehrlicherweise offenlassen. Und ich verlegte mich auf einen Schwerpunkt der Dankbarkeit, dass mir die Laufbahn bis hierher ermöglicht worden war, und so weiter. Und dabei kam ich auch auf den Punkt, für die übermittelte Sprache dankbar zu sein, und das ging allerdings nur voll und ganz, wenn ich diese auch akzeptierte. Im Zuge der intensiven Konzentration auf diese Thematik aktivierte sich, wie gesagt, diese ,Energiekugel' im Brustbereich, ein Phänomen, von dem ich zuvor keinerlei Kenntnis gehabt hatte. Der erste Gedanke galt wohl meiner geistigen Gesundheit und der zweite dem Umfeld und der Frage, ob man etwas davon bemerkte. Doch dann akzeptierte ich es einfach und schrieb den Aufsatz zu Ende, allerdings doch etwas aufgeregt oder aufgewühlt. Ich erfuhr gerade etwas, dessen Existenz mir völlig unbekannt war.

Das ging dann irgendwann während des Schreibens zu Ende, stellte sich aber im Laufe des folgenden Jahres mehrmals wieder ein, und zwar, wenn ich mich richtig erinnere, meist in Situationen aufmerksamer Kommunikation mit einem Mitschüler. Es erforderte auch viel Energie, und ich erinnere mich an einen Fall, in dem meine innere Wahrnehmung quasi dreigeteilt wurde zwischen meinem Denken, der Energie im Brustbereich und dem Gegenüber in seiner für mich wahrnehmbaren Ganzheit. Natürlich hielt so ein Zustand nicht lange an, meist kam er zu Ende, wenn ich auf irgendeinen Begriff stieß, der mir bedrohlich oder zumindest nicht ausreichend geklärt erschien.

Nach mehrmaliger Wiederholung wurde mir also klar, dass ich da auf etwas gestoßen sein musste, was einerseits keinen Schaden anrichtete, im Gegenteil offenbar durchaus förderlich sein konnte sowohl für mich als auch für einen etwaigen Beteiligten, andererseits kostete es aber beträchtliche Anstrengung und ich wusste nicht, wohin das noch führen könnte.

So verbrachte ich dieses Schuljahr, und es fiel mir dabei auf, dass mir vieles etwas leichter von der Hand ging: Ich fühlte mich auf unmerkliche Art mehr respektiert, etwas souveräner, der Alltag fügte sich einfacher, es stellte sich sozusagen eine Leichtigkeit des Seins ein, die ich bis dahin nicht gekannt hatte. Da und dort glaubte ich zwar auch eine neue Gegnerschaft wahrzunehmen, die ich aber eben dem neuen Respekt und dem damit verbundenen Gewicht meiner bescheidenen Schülermeinungen zuschrieb. Und immer schwebte dabei auch die Frage im Raum, wie viel davon für die anderen wahrnehmbar war oder nicht. Im Nachhinein interpretiert, befand ich mich damals auf der Ebene des Selbst, immer wieder unterbrochen durch seelische Aktivierungen, und, was mir noch auffiel, der Begriff Spiel ging mir damals öfters durch den Kopf, was vielleicht auch damit zu tun hatte, dass mir die neue Selbstverständlichkeit eine innere Distanz ermöglichte und ich den Alltag oder auch die zwischenmenschlichen Konstellationen verstärkt unter dieser Perspektive sah.

Zu Beginn der Maturaklasse hatten wir kaum Hausaufgaben, und so ging ich entgegen meiner Gewohnheit während der ersten Studierzeit in den Tagraum, wo gerade ein Kollege am Billardtisch trainierte. Ich schloss mich ihm an, und es entstand ein intensives Spiel, wobei sich wieder diese Feuerkugel aktivierte. Das Spiel gewann für mich auch ethischen Charakter, was bei einer Billardpartie wohl nicht selbstverständlich ist, und die Intensität der Aktivierung steigerte sich diesmal über das übliche Maß noch hinaus: Es wurde nicht nur der obere Brustbereich aktiviert, sondern die brennende Energie stieg auch noch in den Kopf und dehnte sich in den Bereich der Arme aus. Ich erinnere mich, dass ich mir die Frage stellte, ob es ethisch ist, so ein Spiel, bei dem es um nichts weiter ging, zu verlieren, nur weil es der Situation des anderen seinen unmerklichen Signalen nach so am besten entsprochen hätte. Ich verlor ohnedies und plötzlich schien es der andere eilig zu haben und verließ den Raum mit den Worten: „Ich hab noch etwas zu tun!" oder so. Eine völlig unbedeutende Situation also, aber als er die Tür hinter sich schloss, stürzte sozusagen mein Bewusstsein ab, und ich hatte es für Momente schwarz vor den Augen. Die Aktivierung war vorüber, aber jetzt fürchtete ich einen Augenblick lang um mein Leben oder zumindest, hinzustürzen, ehe ich wieder etwas sah. Gleich darauf fuhr mein Bewusstsein, Gott sei Dank, wieder hoch und es stellte sich intensive Freude ein, ein intuitives Gefühl, ans Ziel des existenziellen Strebens gekommen zu sein.

Wie es dann bei mir weiterging? Naja, ich maturierte mit ausgezeichnetem Erfolg, absolvierte später ein Kolleg für Sozialpädagogik, studierte schließlich noch Philosophie und Psychologie, was ich ebenfalls ausgezeichnet abschloss. Aber innerlich brauchte ich ziemlich lange, um wieder meine alte Sicherheit zu finden, um mich zu orientieren. Es hatte sich etwas grundlegend verändert, und mir fehlten die kognitiven Informationen dazu. Während des Studiums las ich sehr viel aus dem Bereich Spiritualität und Mystik weltweit, lernte Begriffe und ihre Konnotationen kennen, aber in gewisser Hinsicht musste ich mit meinem eigenen Sprachverständnis wieder von vorne beginnen, was dann sozusagen eine Zeitdifferenz um mein Leben vor dieser Erfahrung bewirkte. Heute würde ich einfach sagen, mein Geist hatte sich aufgelöst und das Unbewusste dazu. Erst später wurden mir Begleiterscheinungen oder Auswirkungen dessen bewusst und heute bin ich mir schon einigermaßen sicher, damals den richtigen Weg gegangen zu sein.

Mein Hauptinteresse richtete sich seit damals intuitiv auf die Sprache und die Frage, ob sie sich als konsistent erweisen würde hinsichtlich meines eigenen Zustands. Ich kaufte mir eine Schreibmaschine mit Bildschirm, wie sie in den Achtzigerjahren aufkamen, und begann, Kurzgeschichten zu schreiben, verfasste Gedichte, einfach um wieder ein Gefühl für die Sprache zu bekommen oder um mich der Sprachbeherrschung zu vergewissern. Nach dem Studium kam ich auf die Idee, versartige Sätze mit einer bestimmten Silbenzahl zu sammeln, welche die philosophischen Inhalte, die mir so durch den Kopf gingen, in klarer und prägnanter Weise formulierten. Ich ging also in der freien Zeit durch den Wald und irgendwie stiegen mir ab und an aus dem Unterbewusstsein oder besser „aus dem Nichts" solche Sätze ins Bewusstsein, die zu bestimmten Themen passten oder Begriffe umschrieben, meist relativ kunterbunt und für mich jedes Mal etwas überraschend. Ich überprüfte sorgfältig die Silbenzahl und memorierte die Sätze dann öfters, um sie nicht zu vergessen, bis ich sie daheim aufschrieb.

Auch diese Sache ist wohl etwas ungewöhnlich, aber nicht mystisch, oder so. Sie zeigt nur, dass das menschliche System imstande ist, an etwas zu arbeiten, auch wenn dieses nicht vor dem Auge des Bewusstseins erscheint. Allerdings kann man es dann wohl auch weniger beeinflussen!

Und was ist nun der Sinn, der Inhalt meiner Bemühungen? Erstens möchte ich gerne weitergeben, was ich selbst erfahren habe, was wiederum voraussetzt, es in eine sinnvolle Form zu bringen, und das heißt in der Philosophie, Dinge so zu formulieren, dass sie nachvollziehbar sein können. In meinem Fall ist das etwas komplizierter, weil es um die Sprache selbst geht, andererseits aber auch wieder nicht, weil diese „natürliche" Logik die Sprache einfach an der persönlichen Wirklichkeit überprüft. Um es anders auszudrücken: Mein Anteil daran ist mehr oder weniger verschwindend klein, beschränkt sich sozusagen auf die Energie, welche dieser Aufgabe zur Verfügung steht.

Zweitens geht es um den Nachweis, dass das menschliche System, also der Verstand, das Gedächtnis, das Gemüt, Gefühle, Strukturen und Pläne imstande sind, auch ohne Geist auszukommen, dass dies im Gegenteil sogar effizienter und leichter passiert.

Und drittens geht es selbstverständlich auch um den sachlichen Inhalt, um die Darstellung wesentlicher Bereiche des Menschseins in der Perspektive eines natürlichen oder ‚geistlosen' Bewusstseins unter Berücksichtigung teilweise veränderter Begriffskonnotationen. Man braucht nicht das Rad neu zu erfinden, die Sprache existiert schon länger, aber vielleicht ist es einigermaßen neu, diese kleinen Perspektivenänderungen einmal systematisch darzustellen zu versuchen. Dass dies in Briefform geschieht, habe ich Dir zu verdanken, Mikaela, dem Mozart des Schifahrens. Und ich kann nicht versprechen, dass es wirklich so systematisch abläuft, da ich nicht einmal ein Inhaltsverzeichnis zustande bringe!

Herzliche Grüße,

Erich Maier

10. April 2020

Liebe Mikaela,

Illusion ist die Einstimmung auf die Möglichkeit eines Wir. Dieser lapidare Satz, diese Behauptung müsste erst begründet werden. Ein Hinweis dazu: Es handelt sich um künstliche Beziehungen, nicht um natürliche. Und das Wort Möglichkeit: Es ist eine Prolongation des Scheiterns, der Nicht-Erfüllung, die ein menschlicher Verstand auch auf die eigene Person anwenden kann, was dann einen eigenen Bereich konstruiert, das Unbewusste, ebenfalls mit der Sprache verbunden und persönlich.

Im Feld oder auf der Ebene, in der Struktur der Sprache treffen das Natürliche und das Künstliche exemplarisch aufeinander, was sich in einem tiefen inneren Spalt manifestiert. Die Person ist einmalig, beruht auf der Natur, dem Leben eines bestimmten Menschen, die Sprache dagegen ist eine ‚Konvention', ein sich allmählich herausgebildet habendes Produkt menschlicher Gemeinsamkeit, ein paradigmatisches Existenzial der Kultur. Die Person ist eine Verbundenheit dieses bestimmten Menschen mit der Sprache, diesem Kulturgut, und wird auch als solche respektiert. Und das Wort „ich" stellt für die Person diese Verbindung her.

Abgesehen davon, dass bei Konventionen stets auch eine konnotative Nuance des Todes mitschwingt, wird bei der Sprache also nachgedoppelt. Zu ohnedies bestehenden natürlichen Beziehungen kommt noch eine künstliche hinzu, die aber ihrerseits nun wieder für Irritationen sorgen, die natürlichen Beziehungen unter Umständen belasten kann, und das über eine scheinbar neutrale, kollektive Struktur, die Sprache. Denkt man diesen Gedanken zu Ende, dann muss jeder erwachsene Mensch auch Verantwortung für die Form der Sprache übernehmen, in wie bescheidenem Ausmaß ein Einzelner dazu auch fähig ist – wobei nicht die grammatikalische Struktur gemeint ist, denn die lässt sich ohnedies nicht manipulieren!

Ich möchte das hier nicht allzu theoretisch darstellen, aber ein oftmals wenig beachtetes Objekt wie die menschliche Sprache hat es ganz schön in sich! Als Schüler kämpft man schon mal mit der Rechtschreibung oder Grammatik, aber das ist nicht gemeint. Über das Medium Sprache wird die Wirklichkeit eines Menschen verschlüsselt, und das ist nicht in erster Linie die Realität, sondern die Grundlage oder der persönliche Hintergrund seines Handelns, Entscheidens, des Lebens schlechthin. Wie kann ich Verantwortung für etwas übernehmen, das ich von klein auf übernommen habe, zu dessen Form oder Struktur ich so gut wie nichts beitragen kann, das durch Tatsachen oder Ereignisse, Objekte geprägt wurde, die größtenteils im Dunkel der Geschichte oder in der langen Periode der Vorgeschichte verschwunden sind?

Es scheint, dass hier der Fluchtpunkt zu einem Generalproblem menschlicher Existenz führt, nämlich der Zeit: Worte sind Anwendungen der Vergangenheit auf die Gegenwart, oder anders formuliert: Das Mysteriöse, das Worten implizit anhaftet, ist Zeit. Die Gültigkeit der Sprache manifestiert überdies eine Dauer, mit welcher der menschliche Verstand sein Leben lang kämpft. Die persönliche Sprache ist ein Teil meiner Ganzheit, meines Systems, aber ich sterbe und die Sprache gilt weiter. Der Verstand möchte auch etwas von dieser Dauer haben, zumal er ja zu einem wesentlichen Teil aus dem Material der Sprache besteht. Und die Zeit wiederum bildet den innersten Kern des Geistes. Der Geist, ein schillernder Begriff!

Mikaela, was ich hier versuche, ist eine kurze Ansprache der Problemstellung, ein Aufriss des Problems, das im Wesentlichen in kollektiven, konventionellen Strukturen besteht, welche jeder Einzelne übernimmt. Wenn ich oben bereits das Wort Dialektik gestreift habe als Verortung der Begriffe in der Wirklichkeit, dann ist in dieser kurzen Phrase bereits ein unlösbares Problem enthalten, wenn die folgende Bestimmung mit einbezogen wird: Jeder Ort ist eine unzulässige Verallgemeinerung. Der Einzelne sieht sich mit einer Aufgabe konfrontiert, die nach den gültigen Regeln gar nicht gelöst werden könnte oder kann. Es gäbe noch einige weitere Perspektiven oder Herangehensweisen, die zu diesem Punkt hinführen, aber die werden jeweils an hoffentlich geeigneter Stelle dargestellt. Spitzt man das Problem im Einzelnen jedoch zu, dann stößt man auf den Begriff der Zeit, der subjektiven oder allenfalls auch noch persönlichen Zeit als primärer gedanklicher Strukturierung der Wahrnehmung, welche sich allmählich zu mehr oder weniger festen „Wahrnehmungsanordnungen" herausbildet, bewusst oder unterbewusst, gelernt oder selbst erfunden. Um die Zeit herum wabert der Geist. Und wenn Du erlaubst, möchte ich mich in diesem Brief ein wenig näher mit ihm auseinandersetzen!

Um noch einmal auf die Dialektik zurückzukommen: Die Wirklichkeit ist nicht im selben Sinn Ort wie etwa die geophysische Erdoberfläche, klar! Und damit wäre oben skizziertes Problem nur ein Scheinproblem mit drei Komponenten: Einzelner, Sprache, Kollektiv, wobei das Kollektiv der schwächste Punkt wäre. Aber selbstverständlich kann nicht jeder Einzelne tun, was ihm so beliebt! Es gibt eben Regeln, und die haben wiederum kollektiven Charakter. Und dreht man dann den Richtungspfeil sozusagen wieder um, hat man den Geist: Der Geist ist ein Produkt der Konventionen im Singulären. Anders formuliert, die Konventionen werden von vielen gemacht, Normen, Regeln, Gesetze und so weiter, der Einzelne kann aber die „Vielheit" der vielen nicht nachvollziehen, wodurch in seinem Inneren ein Raum entsteht, der vom Geist ausgefüllt werden kann, ein Raum der Möglichkeiten, welcher sogar verborgen, unbewusst bleiben kann. Vielleicht ist das ja auch die Art von Dunkelheit, vor der wir uns fürchten und aus der dann auch die Horrorfilme Kapital schlagen?

Aber hier müsste man sofort wieder abschwächen. Der Geist hat durchaus auch liebenswürdige Seiten, auch wenn er stets ein klein wenig destruktiv auftritt! Und die Illusion ist für den Menschen nicht nur Betrug oder eine Falle, sondern jeder Einzelne profitiert auch in vielfältiger Weise von – ganz streng betrachtet – Illusionen, also Konventionen im weitesten Sinn. Ein Kind, das heranwächst, verdrängt etwa den Gedanken an den Tod, und das zu Recht, denn unter allen Menschen seines Umfelds hat es vermutlich die größte Distanz zum Tod. Es übernimmt wahrscheinlich von der Sprache das

Strukturmerkmal der Dauer, wenn man es aber fragt, wird es wahrscheinlich bereits wissen, dass es auch einmal sterben wird. Aber das Gemüt trennt hier nicht so scharf, lässt für den Moment etwas offen …

Vielleicht darf ich hier kurz abschweifen und einen Augenblick beim Thema Tod verweilen? Wir feiern jetzt gerade Ostern, dem ja die Leidensgeschichte Jesu vorangeht, und Jesus hat mit der Auferstehung den Tod überwunden. Aus etwas nüchterner Distanz betrachtet lässt sich daraus der Schluss ziehen, dass auch der Tod ein relativer Begriff ist oder zumindest ein Begriff mit begrenzter Bedeutung. Fakt ist aber, dass jedes Leben einmal endet. Wie lässt sich dieser Glaubensinhalt dann verstandesmäßig integrieren, ohne die Gesetze der Logik zu beugen? – Und ich möchte schon betonen, dass ich hier nicht theologisch unterwegs bin, sondern nur ganz einfach als Privatperson meine Überlegungen anstelle! – Was macht es aus, dass man den Tod sozusagen relativieren kann? Nun ja, ich persönlich würde den Tod in aller Bescheidenheit dem Moment des Geistes affizieren, den Tod sozusagen als ein Attribut des Geistes unter anderen apostrophieren. Der Tod als Bestimmung des Geistes! Und um das gleich zu konkretisieren: Der Tod besteht wesentlich in der Furcht vor dem Nichtsein eines Ichs.

Ein wenig freihändig könnte ich nun sagen, der Tod ist nicht das Gegenteil des Lebens, sondern eher das der Natur. Aber auch hier lässt er sich nur als Prozess verstehen, der eine Wiederherstellung ausführt, eine „Versöhnung", oder im Rahmen des Glaubens einen Übergang darstellt zu einem wie immer gearteten Danach. Der Tod ist eine Position des Geistes und nicht des Lebens. Was heißt das? Naja, einerseits ist der Tod nur ein Wort, ein Bestandteil der Sprache unter vielen gleichartigen, und andererseits, ja andererseits ist er selbstverständlich mit Furcht behaftet. Und die Eigenschaft, Furcht zu generieren, ist wiederum ein Attribut des Geistes ...

Ich weiß ja nicht, was beim Tod passiert, ich kenne ihn nur von anderen, aus der Außenperspektive sozusagen. Vielleicht ist er ja ganz angenehm, vielleicht ist er letztendlich freudvoll in einer Dimension, wie ich sie das ganze Leben hindurch nicht erfahren habe! Einige Berichte von Nahtoderfahrungen lassen zumindest Vermutungen in diese Richtung aufkommen.

Um wieder ein wenig Philosophie zu treiben: Vom Geist über den Tod und die Furcht davor lassen sich inhaltliche, sogar geistig-emotionale Verbindungen zur Kognition Dauer ziehen, und es scheint, als fänden dort mehrere Zirkelschlüsse statt, die einander auch noch bekräftigen! Ich könnte etwa sagen, der Geist spürt zunächst einen Mangel, ein Unbehagen, er empfindet Angst, er befindet sich auf der Flucht vor irgendetwas, und dann: Er fokussiert auf Dauer in der Hoffnung, an diesem eigentlich etwas amorphen Begriff festen Halt finden zu können. Der Geist ist in einem Aspekt ein Ausdruck der Furcht vor dem Tod und er setzt auf Dauer. Dauer könnte ich aber nun wiederum ebenfalls von einem bestimmten Blickwinkel her als Versuch der geistigen Vorwegnahme des Todes darstellen, eine Gegenbewegung, welche den vorangehenden Schluss zur Hypothese macht und mit dem folgenden Schluss wieder bei der ersten Hypothese ankommt, und so weiter. Es geht also ein bisschen im Kreis, und das bei einem gar nicht so belanglosen Thema!

Sieht man sich die damit verbundenen Begriffe ein wenig näher an, so erhärtet sich der Anfangsverdacht. Eigentlich entsteht um den Begriff Tod herum ein geistiger Wirbel, und im Zentrum steht dabei unter anderem auch die Kognition Dauer, welche im Bereich menschlich generierter Strukturen ganz prominent auch durch die Konventionen vertreten wird. Etwas lapidar, aber nicht um noch mehr zu verwirren, lässt sich feststellen: Der Geist ist das Bestreben, der Dauer des Todes zu entfliehen. Und dabei ist es nur eine unverifizierte Vorannahme, welche dem Tod Dauer zuschreibt! Umgekehrt kann man aber sagen: Alles Dauerhafte ist letztlich eine Art Huldigung des Todes, das Herstellen von Dauer eine Verherrlichung des Todes. Nicht, dass das mit Absicht passiert! So weit darf man nicht gehen, Derartiges zu unterstellen. Aber Konventionen haben neben den vielfältigen inhaltlichen Funktionen stets auch dieses Merkmal an sich: Sie implizieren einen emotionalen Anteil der Furcht vor dem Tod, und wenn man noch weiter gehen will, sogar einen Anteil der Furcht vor dem Leben. Um das mal auf eine emotionale Schiene zu bringen: Man fürchtet sich vor dem Tod und vor dem Leben und verschiebt das Problem auf die Allgemeinheit, ja das Herstellen der Allgemeinheit ist gerade der Ausdruck dieser Furcht sowohl vor dem Leben als auch vor dem Tod! Der Mensch, sobald die Sprache existiert, fühlt sogar ein Unbehagen vor dem Leben, um nicht zu sagen, er fürchtet sich davor!

Aber wie angedeutet, das ist nur Philosophie, ein Aspekt der Betrachtung, und ändert nichts an den allgemeinen Realitäten. Der Tod bezeichnet das Ende des Lebens, so oder so! Aber wo ich schon mal dabei bin, könnte ich auch noch ein wenig nachlegen: Konventionen sind ein gültiges Ergebnis der Gemeinsamkeit. Und künstliche Gemeinsamkeiten, und dieser Aspekt ist nicht nur boshaft, sind auch eine Art Ablenkung von der Tatsache des Todes! Ein anderes Beispiel: Abstrahieren bezeichnet das Verallgemeinern von Zufälligkeiten. Der Terminus Welt wiederum hat einen ziemlich hohen Abstraktionsgrad, und so könnte man irgendwann oder irgendwo auf den Schluss stoßen: Die Welt, und damit ist hier die

Innenrepräsentanz der objektiven Realität gemeint, steht für die Illusion der Überwindung des Todes. Von da ist es nur ein kleiner Schritt zur Entität Zeit, welche man in diesem Kontext als illusionäre Spannung zwischen Leben und Tod definieren könnte. Und damit nicht genug, oder um das noch abzurunden: Die Emotion Stolz beinhaltet letztlich die Illusion, den Tod besiegen zu können. – Womit wir wieder beim Unbewussten wären, dem Kumpel des Geistes im menschlichen System.

Würde mich jetzt jemand fiktiv fragen, ob dem Thema Tod denn auch etwas Positives abzugewinnen wäre, müsste ich antworten: „Na klar! Wenn der Tod als Merkmal des Geistes aufgefasst werden kann, dann bleibt das mit der Furcht vor dem Tod zumindest in der Schwebe! Am Faktum des Todes lässt sich nichts ändern, aber vielleicht ist zumindest die Furcht vor dem Tod unbegründet!" Und genau das wird ja auch in den Religionen immer wieder behauptet. Der „Sinn des Lebens" lässt sich wohl am deutlichsten unter der Perspektive des Todes erkennen, was aber keinen Pessimismus bedeutet, im Gegenteil! Man könnte sogar bis zu der Aussage kommen: Die Bedeutung eines Menschen tritt erst mit seinem Tod zutage. Der Tod wäre das Moment der geistigen – und seelischen – Rückführung zur Natur. Und dieser Augenblick könnte sich auch schon während des Lebens ereignen. Zumindest spräche theoretisch nichts dagegen!

Um mich selbst wieder zum Wort Geist zurück zu lotsen: Oben wurde betont, der Tod bestünde wesentlich in der Furcht vor dem Nichtsein eines Ichs. Etwas trivial ausgedrückt: Man fürchtet sich davor, einmal nicht mehr „seinen Senf dazugeben" zu können. Nun, diese Deutung wird man vielleicht nicht so ganz ernst nehmen, und das zu Recht! Aber sie wäre inhaltlich zulässig! ‚Sein' steht für die Sprache, genauer auch für die persönliche Sprache unter Einbeziehung des Faktums oder der Existenz eines ebenfalls persönlichen Geistes. Und das Ich, wie gesagt jenes Wort, mit dem ein Mensch an die existierende Sprache ankoppelt, weist dann interessanterweise Strukturmerkmale des Geistes auf, obwohl es als Wort selbstverständlich auch zum festen Bestand der kulturellen Hardware gehört. Etwas weiter ausgeholt, auch der Verstand, die Denk- und Kombinationsmaschine des Menschen, weist Merkmale des Geistes auf. Was hat es damit auf sich?

Ich könnte jetzt in einem ersten Impuls versucht sein, der Kultur sozusagen den Schwarzen Peter zuzuschieben und feststellen, dass es beinahe schon so etwas wie ein Strukturmerkmal der bisherigen Kultur sei, den Geist und das Leben zu verwechseln. Auch hier wird von den Wortkonnotationen her deutlich, dass der Tod als Assoziationspartner des Geistes nicht das direkte Gegenteil des Lebens ist. Aber es macht schon etwas aus, an die Stelle des Lebens, des Selbst, der Natur, der Ethik, unter Umständen auch der Liebe den Geist zu setzen, denn der Geist ist sozusagen in einem anderen Gebiet daheim, im breiten und großen Feld der Existenz! Doch finde ich niemanden, der so für die Kultur zuständig ist, und überdies arbeitet ja die Kultur ständig selbst daran, wie etwa folgende These zeigt: Die Kultur ist eine Auseinandersetzung mit der Vergangenheit. – Nichts weiter als eine verbale Darstellung der praktischen Realität! Und übrigens, unter Kultur verstehe ich das Ergebnis von Sprache und Kunstfertigkeit, also Worte und Objekte, aber auch die verbindenden Strukturen, mithin also die gesamte „künstliche" Menschenwelt. Und dass auch künstlich und natürlich lediglich bedingte Gegensätze sind, wird noch zu erwähnen sein!

Wie trennt man etwa Geist und Denken? Eine schwierige Frage! Einerseits kann man natürlich versuchen, den Geist möglichst umfassend zu beschreiben, aber wir werden sehen, dass das nicht zielführend ist – dennoch sollte ich mich auch nicht darum herumdrücken! Und andererseits darf man wohl bereits die praktische Lösung vorwegnehmen: Es funktioniert nur, indem man den Geist mitten im Prozess der persönlichen Zeit, also im Prozess der eigenen Gegenwart auflöst. Und das kann man nur bis zur Schwelle tun, dann muss man es zulassen. Selbstverständlich darf man hier wohl anfügen, dass der Geist im Allgemeinen wenig schadet, dass er mitunter sogar belebende Effekte aufweist und so fort. Es muss sich niemand herausgefordert fühlen, noch weniger besteht ein Zwang! Und überdies könnte das von außen auch gar nicht bewirkt werden, klar! Ich muss es also selbst wollen oder zumindest irgendwie anstreben. Und es ist kein kryptischer, möglicherweise fragwürdiger oder sogar anrüchiger Vorgang, der nur in geheimen Räumlichkeiten stattfinden darf, oder so! Aber es ist für den Verstand nicht einfach zu erkennen und deshalb kann es nur im Prozess, in der Anwesenheit der eigenen Ganzheit stattfinden. Das menschliche System kommt dabei der Natur ganz nahe und überlässt sich dieser schließlich, aber es wird dabei nicht verändert. Der Verstand ist vor und nach einem solchen Moment derselbe, aber der Geist ist weg! Und es ist auch meine Auffassung von Religion oder Spiritualität, dass sie einen bis an diese Schwelle führen kann. Den letzten Schritt oder die paar letzten Tapser muss man dann halt selber gehen oder vor allem zulassen. Man muss sozusagen bereit dazu sein, und das bleibt wohl bis zuletzt spannend!

Der Geist kann also unter einem Aspekt als Verneinung der Natur aufgefasst werden. „Ich bin der Geist, der stets verneint …" Dazu lassen sich gleich zwei Dinge festhalten: Erstens lässt sich die Natur nicht verneinen, das kann stets nur vorläufig als vage Vorstellung statthaben. Und zweitens ist der Geist selbst nicht als feste Entität fassbar, er ist keine Person, keine Struktur, überhaupt kein festes Objekt, hat aber ein eigenes Wort, das heißt, er ist ein Sammelsurium von Arten, wie die (körper)eigene Energie verwendet wird, und wird abgespeichert als eine bestimmte Summe von Möglichkeiten, diese zu verwenden. Man kann den Geist nicht mit der Hand fassen, aber die lustigen Geschichten und Märchen, die Sage vom Schlossgespenst und so weiter geben vielleicht mitunter eine brauchbare Analogie ab. „Das also war des Pudels Kern!"

Weshalb richtet sich die Energie des Geistes dem Ansatz nach teilweise gegen die Natur? Die Frage nach dem Grund ist wohl stets eine gute Frage und führt dann schlussendlich nicht selten zum Moment der Zeit. Sich mit dem Wort Geist überhaupt zu beschäftigen, ist sozusagen hochspekulativ und das Festeste, das man dabei erhält, sind Zuschreibungen, Eigenschaften, die man dem Geist wie Plaketten aufkleben kann, aber die Substanz des Geistes ist wiederum dazu nicht stabil genug! Es zerrinnt einem also wie Wasser zwischen den Fingern.

Der Geist ist eine Fehlhaltung, die das Kollektiv für das Selbst nimmt. Dieser Gedanke ist oben schon ein wenig angeklungen. Wie gesagt, der Geist lässt sich nicht fest konturieren oder strukturieren, aber hier kommt ein Verhalten zum Ausdruck, das sich ein Kind möglicherweise aneignet, bevor es die Fähigkeit des Denkens, der Reflexion erlernt. Dinge sind vorhanden, Sprache auch, und ich bin geneigt, das in irgendeiner Weise als Teil von mir selbst aufzufassen, wie genau, weiß ich nicht, aber das werde ich ja auch nicht gefragt! Dabei käme es nur auf eine feine Unterscheidung zwischen Wahrnehmung und Einheit an, aber man kann es wohl keinem Kind verdenken, wenn es dazu noch nicht in der Lage ist! Man könnte ja sagen, mit der Wahrnehmung ‚berührt' man Objekte, Sinnesrezeptoren werden gereizt und transportieren ihre Eindrücke. Wo verläuft also die Grenze zwischen mir und dem anderen? – Und genau dieser Punkt ließe sich dem Geist als Merkmal zuschreiben, eine Verwechslung des Außen mit dem Innen, und das sozusagen prolongiert!

Die Natur wiederum ist ein derart umfassender Gegenpol, dass sie vom Wirken und Werken des Geistes kaum berührt wird. Auch über die Wahrnehmung ist ein Mensch mehr oder weniger direkt mit der Natur verbunden: Die unmittelbar natürliche Wahrnehmung braucht keine Sprache! Und die Wahrnehmung selbst ist wiederum ein umfassendes, individuelles Bewusstsein. Die Wahrnehmung betrifft das Außen und Innen in gleicher Weise, umfasst das Außen und Innen, der Geist aber hält sich an Grenzlinien und wechselt sicherheitshalber ständig die Position. Die Grenzlinien stammen von Worten, die Objekte bezeichnen, oder natürlich von den Objektoberflächen selbst. Und auch hier kommt der Geist dem Denken ganz gehörig ins Gehege, denn Denken bedeutet in einem Aspekt auch, sich in der Innenrepräsentation an Dingoberflächen entlang zu bewegen.

Um hier einen subtilen Berührungspunkt zu beleuchten: Der Gedanke an das Ich entsteht nach der Wahrnehmung anderer. Bezüglich des Geistes jedoch: Der Keim des Geistes besteht in der Objektivierung eines Du. Objektivierung wieder heißt Dauer oder setzt Dauer voraus, ist ein künstlicher und in gewisser Hinsicht beinahe gewaltsamer Akt. Der Geist kann aber sozusagen nix dafür, er führt nur aus, was ihm Strukturen vorgeben oder zumindest suggerieren. Sein einziger Fehler bestünde in diesem Zusammenhang darin, Permanenz vorauszusetzen, wo keine ist. Aber eben auch das wird von der Sprache suggeriert! In gewisser Hinsicht ist der Geist eine Fortführung und Ausweitung von Strukturen oder Ansätzen, welche die persönliche oder subjektive Zeit herauskristallisiert. Die Zeit „macht" irgendetwas „fest", und der Geist reitet dann darauf herum, reizt es aus, geht damit sozusagen hausieren. Und dabei hängt er aber selbst in der Luft! Er kann sich nicht entscheiden zwischen dem Kollektiv und dem Selbst, und die Seite des Kollektivs oder der Konventionen, der Kultur bietet endlosen Stoff für Nachforschungen, kann nie zufriedenstellend gelöst werden! Vielleicht bemüht sich der Geist auch gar nicht allzu sehr darum, aber wer möchte ihm das schon verdenken?

Mikaela, ich tu hier ein wenig so, als säße ich mit dem Geist jeden Tag zum Frühstück und er erzählte mir Geschichten von sich, die ich dann aufschreibe! Ist aber selbstverständlich nicht so, und alles, was ich in meinem Überschwang von mir gebe, ist auch mit entsprechender Vorsicht, oder besser mit Vorbehalt zu genießen! Jeder ist für sich selbst verantwortlich, und das gilt auch für den potentiellen Leser.

Mir ist einmal ein Sätzchen aufgestoßen, welches ich notierte: Der Geist ist die Überhöhung des Ichs in den Bereich der Seele. Der Bereich der Verantwortung, der Ethik, der Seele ist vielleicht deshalb so ein schwieriges, gern gemiedenes Gebiet, weil die relevante Zeitdauer dort wieder kürzer wird. In der sprachlichen und strukturell bestimmten Welt regiert die Illusion einer beinahe unbegrenzten Dauer; bei Entscheidungen, die Menschen oder die Natur betreffen, ist mehr der Augenblick gefragt und die Kunst besteht dann sozusagen darin, dennoch nicht willkürlich, beliebig oder unkontrolliert zu sein. Nur ist Kontrolle im Sinne des vorherigen Übens von Verhaltensabläufen in dieser kurzen Zeitspanne nicht möglich, und deshalb braucht es einerseits wohl Vertrauen in die – auch eigene – Natur und andererseits auch die Bereitschaft zur Reflexion der persönlichen Sprache, denn diese bildet ja das Handlungsgerüst der Wirklichkeit. Aber was ist denn nun die eigene Natur? Wie kann man sich das vorstellen?

Naja, um hier noch einmal im Fundus meiner kindlichen Erfahrung zu kramen: Ich hatte einmal Asthmaanfälle und wurde sie auch nach ärztlicher Intervention nicht los. Der Grad der Bedrohlichkeit nahm aber zu, und so sah ich mich schon damals als Kind mit den äußersten Möglichkeiten der Existenz konfrontiert. In meinem unschuldigen Bewusstsein befand ich mich vor einer Weggabelung: links die Natur, rechts die Kultur mit all ihren Errungenschaften einschließlich persönlicher Kommunikation. Und um mich entscheiden zu können, versuchte ich mir die Natur vorzustellen. Was dabei herauskam, war recht bescheiden: ein vages, unscharfes Bild eines grün-gelben Energieballs, wie im Dunst oder Nebel verschleiert, ohne feste Konturen oder Grenzen. Und dennoch blieb mir damals gar nichts anderes übrig, als der Natur zu folgen, denn die andere Seite hatte ich ja bereits ausprobiert. Believe it or not, im Vertrauen auf die Kraft, die hinter dieser recht vagen Vorstellung stehen musste, konnte ich die nächsten Anfälle im Aufkommen abwehren, und das Asthma ließ fortan seine Finger von mir. Und die Ironie dabei: In der weiteren Folge meines kindlichen Lebenslaufs und als Schüler nahm ich die Spiritualität der Religion und vor allem deren Ethik sehr ernst.

Mikaela, ich tu mir heute noch schwer, diese Vorstellung zu interpretieren, oder ich habe es eigentlich noch nie ernsthaft versucht. Die Natur steht ja für sich selbst, das, was im Außen, also objektiv so bezeichnet wird, und im Innen erscheint einem unter Umständen so ein Bild! Die Farben grün und gelb deuten, wenn man das oben umrissene Hilfsstrukturmodell der menschlichen Ganzheit oder Psyche nehmen will, auf die vierte und dritte Schichte, also auf die Sprache und die kognitiven oder abstrakten Strukturen. Ich bin mir nicht ganz sicher, aber der grün-gelbe Energieball würde dann bedeuten, dass auch diese typisch kulturellen Ebenen von der Natur durchdrungen sind. Aber es ging ja damals nicht um spekulative Interpretation, sondern um handfeste Praxis!

Möchte man dem Geist noch ein wenig genauer auf die Spur kommen, und, wie gesagt, der Geist ist ja nichts weiter als ein Wort, könnte man vom bereits formulierten Gedanken ausgehen: Die Objektivierung eines Du bildet den Keim des Geistes. Und dazu passt ein schönes Wort: Ursprung ist die Verlagerung der Aufmerksamkeit vom Ich zum Du. Es kommt also zu einer Distanz, und dieser Distanz wird Dauer zugeschrieben. Und in diesem Elementarbereich wird noch nicht einmal zwischen Raum und Zeit unterschieden, die Distanz gilt für beide physikalischen Strukturen oder Grundgrößen! Und da sich das Ganze im Körper abspielt, beansprucht der Geist also eine Distanz von sich selbst, vom Selbst, oder er versucht, eine solche Distanz herzustellen und zu behaupten. Und dabei versucht er möglicherweise zu Beginn nur, dieses Du zu verstehen, mit dem er konfrontiert ist! Ein bisschen Sturheit gehört wohl auch dazu, aber die wäre dann wohl so etwas wie ein Strukturmerkmal der Kultur!

Das Du wird für ein Kleinkind wohl ein Mitglied der Familie sein, und so kommt es zu einer weiteren Verwechslung, nämlich der zwischen natürlichen und kulturellen oder künstlichen Beziehungen. Was die Natur kann, kann der Geist auch, oder? – Aber, Hand aufs Herz, wer vermag dem Geist schon böse zu sein?

Aus der ursprünglichen Unmöglichkeit, dem von Konventionen Vermittelten auf den Grund zu gehen, wird der Ansatz einer Grundhaltung, welche sich in einem Aspekt auch gegen die Natur richten kann, welche unter Umständen zu Destruktivität führt, welche offen ist für die Ungenauigkeiten der Lüge und auch der Irrationalität. Aber niemand war's, sozusagen, und das ist in gewissem Sinn auch richtig, nicht hundertprozentig genau, aber immerhin! Der Geist lässt sich nicht festmachen, auch nicht als Täter, aber immerhin verfügt er über ein Wort! Und was allgemein in den Bereich des Geistes fällt, ist in dem Strukturmodell, welches ich mangels Alternativen heranziehe, von der vierten Schicht abwärts zu suchen, inklusive sogar leichten Auswirkungen auf den Körper in Form eines möglicherweise leicht erhöhten Grundspannungszustands. Aber das alles bewegt sich sozusagen im Rahmen der Normalität, und mitunter fungiert der Geist sogar als eine Art Schmiermittel, wenn es zu Verwerfungen kommt. Entstehen tut der Geist jedoch in den höheren Schichten als Versuch, in die Natur einzudringen und zu Informationen verbaler oder nicht-verbaler Art zu kommen, die er jedoch nicht findet. Und einen Versuch kann man wohl niemandem vorwerfen!

Der Geist wäre also, vereinfacht gesagt, die Grundhaltung eines Kleinkinds, das von Konventionen ausgeht und von der Natur etwas möchte, das es jedoch nicht erhält, meist vielleicht nur Klarheit, Information – also die offenkundige Frustration eines nachvollziehbaren Bedürfnisses. Und vielleicht dürfte ich an dieser Stelle noch eine halbe Bestimmung der Philosophie einfügen, welche ich im ersten Brief unterschlagen habe: Für die Philosophie ist die Ungenauigkeit konstitutiv. Damit ist aber keine böse Absicht verbunden, zumindest glaube ich das schon für mich reklamieren zu können!

Was man dem Geist also zuschreiben kann, ist eine gewissen Nähe zur Kultur, zu konventionellen Erzeugnissen, welche auch ein Stück weit auf Kosten der Natur gehen kann. Man darf also wohl auch zu der Formulierung greifen: Der Geist stellt die künstlichen Beziehungen zu den anderen her, wobei, wie gesagt, das Wort „künstlich" selbst nicht hundertprozentig scharf ist, sondern nur eine Tendenz herstellt, welche der Geist wiederum gerne übernimmt: weg von der Natur, auf welche Art und Weise auch immer! Und dabei geht der Geist auch ein bisschen im Gleichklang mit dem Ich, oder besser, heftet er sich an das Wort „ich" an. Das Ich ist die anderen, heißt es irgendwo, und der Geist setzt das auf seine nebelhafte Art auch um! Und wesentliches, kulturelles Mittel ist dabei die Sprache als Medium menschlicher Kommunikation. Der Geist geht also von der Sprache aus und wirkt aber auf das Leben zurück.

Das hat mehrere Implikationen. Einerseits bleibt der Geist dem Bewusstsein verborgen. Er ist ein fiktiver Rückbezug vom Kollektiv zum Kollektiv, hängt damit beinahe definitionsgemäß in der Luft und verspürt deshalb sozusagen auch so etwas wie Angst, ja, diese unbewusste Angst wird zum Strukturmerkmal des Geistes! Und in diesem Punkt trifft er sich auch mit den konventionellen Voraussetzungen der Sprache, welche auch Emotionen umfassen, eben auch die Emotion Angst. Der Arme ist also in doppelter Hinsicht an Angst gebunden! Kein Wunder, dass er ab und an auch ein wenig aggressiv daherkommt! Aber die Aggression wäre eher ein Etikett, das man dem Begriff Zeit umhängen kann, welche ihrerseits sozusagen den Kern des Geistes bildet. Der arme Geist hat damit nur indirekt zu tun, was man im Alltag mitunter in scheinbar paradoxen Situationen beobachten kann. Wenn in einer angespannten Stimmung die Luft rausgelassen wird, bekommt der Faktor, der zur Entspannung beiträgt, unter Umständen unwillkürlich etwas vom Fett ab. Wieder ein wenig philosophischer formuliert: Die Diskrepanz zwischen Geist und Frieden besteht in Aggression.

Eine weitere Implikation wäre das Naheverhältnis des Geistes zu Begriffen wie der Zeit, dem Subjekt, dem Ich, welches sich von der Sprache her ergibt. Der Geist ist ‚geisthaft' in vielen Bereichen vorhanden, oftmals vielleicht nur als unerkannter Zuschauer, aber es macht hier keinen Sinn, diese einzelnen Begriffe in ihrer Struktur erfassen zu wollen. Unerlässlich für die Existenz des Geistes ist jedoch die innere Zeit, aber auch diese verdient es, zum Thema eines eigenen Briefes zu werden! Geist und Zeit bilden eine funktionelle Einheit, und meinem Verständnis nach gibt es eine Bestrebung beider Komponenten zur Auflösung der jeweils anderen: Das Ziel des menschlichen Geistes ist das Erlöschen der Zeit in sich; die Zeit ist letztlich der Drang der Natur zur Auflösung des Geistes.

Zur Zeit hier nur so viel: Sie kann in einem Aspekt als geistige Verpflichtung aufgefasst werden, was etwa auch damit zu tun hat, dass man Bedeutungen von den Vorfahren, der Familie, den Bekannten usw. übernimmt. Worte können mit emotionalen Komponenten behaftet sein, die sich nur aus einer spezifischen Familiengeschichte erklären lassen, welche unter Umständen weit zurück liegt. Das Moment der Zeit stellt eine Verbundenheit mit der Vergangenheit her, die zum größten Teil unterbewusst bleiben kann, und der Geist transportiert diese Verbindung und arbeitet vielleicht damit.

Ein kurzer Seitenblick: Die Phänomenologie fügte den Begriff der Intention oder Intentionalität in die Struktur der Objektbeziehung oder –wahrnehmung ein, welche man wiederum umgangssprachlich mit Absicht wiedergeben kann, was aber in der Phänomenologie nicht so gemeint ist. Die Objektbeziehung ist, so könnte man das abweichend von der Phänomenologie interpretieren, nicht so ganz intentionsfrei, und das trifft wohl auch auf den Geist zu. Aber wie gesagt, es geht hier nicht um Schuldzuweisung! Löst sich der Geist jedoch auf, geht auch diese konnotative Verbindung zur Vergangenheit verloren, was aber nichts an den Fakten ändert! Das Wort Schuld wird wohl noch im Zusammenhang mit dem Begriff Zeit interessant werden, aber auch der Geist übernimmt hier also eine Art ethischer Färbung insofern, als er ein altes Problem der Vergangenheit transportiert, das jedoch damals nicht gelöst wurde. Der Geist selbst hat also mit der Ethik dieses Problems nichts zu tun, aber er kann dennoch Komponenten daraus verarbeiten, wirksam werden lassen, unterbewusst, und über die Struktur der Angst hat er ja auch beste Verbindungen zum Unbewussten. Womit wir wieder bei der Sprache wären, und damit schließt sich der Kreis. Ein Merkmal des Geistes wäre demnach die Verschleppung eines ethischen Problems, obwohl der Geist selbst mit Ethik gar nicht so viel zu tun hat, diese gehört eher in den Bereich der Verantwortlichkeit, der Seele. Andererseits fällt es ihm aber auch entsprechend schwer, das Problem zu lösen, und wie gesagt, die Verbindung zu dieser Art von Vergangenheit wird gekappt, wenn sich der Geist selbst auflöst. Man kann aber mit etwaigen Problemen dieser Art selbstverständlich viel besser umgehen, indem man sie sich bewusst macht, sie zulässt im Bewusstsein, als Tatsachen anerkennt, auch wenn man vielleicht die einzelnen Details gar nicht verbal kennt, indem man vielleicht im Vertrauen darüber spricht. Die Probleme können ihre Wirksamkeit verlieren, indem man sie akzeptiert, aber den Geist selbst aufzulösen ist wieder eine andere Sache!

Eine dritte Implikation der Verbundenheit des Geistes mit der Sprache: Wie bereits erwähnt, fokussiert der Geist auf die Illusion Dauer, welche ihrerseits wieder ein Strukturmerkmal der Worte, der Gültigkeit der Sprache ist. Und hier kommt es sozusagen zum

„Einser-Trick": Indem man etwas Dauer zuschreibt, kann man es objektivieren. Wenn man dann die Dauer selbst objektiviert, kann man auf Distanz zu sich selbst gehen, im Fall des Geistes zum Körper. Mit der Akzeptanz von Dauer manipuliert sich der Geist sozusagen selber!

Das lässt sich dann auf die gesamte Dingwelt ausdehnen, die Realität, und sogar auf die Existenz. Und dabei muss man immer beachten, dass man vom Geist unter Umständen gar nichts wüsste, wenn es nicht ein Wort dafür gäbe! Was ich hier gerade betreibe, ist schon so ziemlich Spekulation in Reinform, abgeleitet allerdings von einer Anschauung, der Betrachtung der Sprache. Der Geist ist demnach auch die Bereitschaft zur Akzeptanz von Dingeigenschaften, mitunter auch der Schatten, den die Dingeigenschaften auf das Selbst werfen. Und wie kann man nun das Wort Ding beschreiben? Mir ist dazu ein Sätzchen aufgestoßen: Ein Ding ist ein Seiendes, vermittelt Dauer und erhält Sprache. Dass Dinge und Objekte Dauer implizieren, ist klar. Darauf basiert meist ja auch ihr Wert. Dass Dinge Sprache erhalten, klingt wohl ein wenig kontraintuitiv, aber im Prinzip ist der gesamte Entstehungsprozess von Sprache begleitet, und auch über fertige Dinge könnte man reden, bis einem die Luft ausgeht. – Den Gedanken, dass Dinge selbst auf ihre Art an der Sprache teilnehmen können, will ich hier nicht weiter verfolgen! – Ja, und Seiendes verweist eben auf den Zeitfaktor der Existenz wie auch auf die Ausgesetztheit in Bezug auf Urteile und dadurch auch wieder auf die Verbundenheit mit Sprache.

In diesem Aspekt ist der Geist also eine Reaktion auf die Bedingungen der Dingwelt, der Realität. Die Realität suggeriert innerhalb der Psyche wiederum, das Ich zeitlich sozusagen auf den Punkt zu bringen. Und der Geist lässt sich willig davon täuschen, hängt damit aber in einer synthetischen Schleife fest. Auch hier sollte man den Geist nicht mit dem Verstand verwechseln: Dieser handelt, grob gesagt, mit konventionellen Strukturen, und jener – naja, hier kann man wohl ein weiteres Fragezeichen hinzufügen! Was aber der Geist in diesem Kontext wohl darstellt, ist ein Mechanismus, mit der Realität umzugehen, und der kann von jedem einzelnen auch geübt werden! Kontrolle etwa zielt auf die Perfektionierung von Mechanismen, und das gilt durchaus auch im persönlichen Bereich. Dass der Realität ab und an auch ein Moment der Gewalt anhaftet, ist der Zeit geschuldet, und das möchte ich dann aber auch im dortigen Kontext abhandeln. Jedenfalls firmiert der Geist hier im Graubereich der Existenz, und da gehört er, falls überhaupt, seinem Wesen nach ja auch hin!

Um den Faden noch einmal von vorne aufzunehmen: Der Geist entspringt aus der Sprachfähigkeit, geht mit dem Ich sozusagen irrtümlich ein Stück weit über die Sprache hinaus in den Bereich des Handelns, der Seele, bemerkt, dass er dort nicht zu Hause ist und verabschiedet sich nach unten – wobei die Lokalität nicht strikt geografisch gemeint ist! Mit zwei Sätzchen ausgedrückt: Der Geist ist die Fluchtenergie vor widersprüchlichen Tatsachen; der Geist ist die Möglichkeit der Fluchtbewegung vor der Wirklichkeit. Und dann kommt er in den Bereich der Strukturen, des Denkens, der Dinge, der Existenz und der Emotionen. Hier übernimmt er etwa erfolgreiche Gedankenmuster, kopiert also gewissermaßen den Verstand im Nachhinein, übernimmt aber nicht das Denken, sondern nur dessen Spuren. Er hält sich an Gewohnheiten fest, denn diese vermitteln wieder einen Touch von Dauer, kommt somit im subjektiven Verhalten zum Ausdruck, aber auch wiederum nur geisthaft, spurenartig. Wenn man glaubt, ihn zu fassen, hat man nichts in der Hand! Am ehesten könnte man noch sagen: Das Wesen eines Geistes kommt im Verhaltensansatz zum Ausdruck. Selbstverständlich kann jedoch der Geist eines anderen nicht analysiert werden, dann müsste er ähnlich feste Strukturen aufweisen wie der Verstand, und die einzige Struktur des Geistes, die man annehmen kann, besteht in Angst – wiederum ein Hinweis auf den Ausgang von der Sprache und auch auf die Verschränkung mit dem Unbewussten.

Nun, das ist nur theoretisch, aber dass das auch handfeste Implikationen haben kann, kommt etwa im Satz zum Ausdruck: Geist ist die zeitliche Diskrepanz zwischen Gedanken und dem Selbst. Ausgehend von der Kultur, der Sprache und vor allem der Energie der Zeit schafft der Geist gewissermaßen ein Polster zur Natur, welches dann sozusagen mit Spannung gefüllt ist, wie oben erwähnt, ein leicht erhöhtes Grundspannungspotential. Und nicht vergessen, nicht erst seit Hegel ist die Beschäftigung mit dem Geist spekulativ! So könnte die Motivation des Denkens, des Verstandes mit dem Bewegungsmuster des Geistes verglichen werden: „Ich will haben!" Aber Motivation und Bewegungsmuster sind nicht dasselbe.

Ausgehend von den Dingeigenschaften, die über die sprachliche Formulierung im strengen Sinn Vorurteilscharakter haben – Vorurteile sind alle sprachlich ausdrückbaren Entitäten – könnte dem Geist auch eine unwillkürliche Tendenz zu falschen Überzeugungen nachgesagt werden, aber nicht aus Boshaftigkeit, sondern aus Mangel an Detailinformationen, welche in gar nicht wenigen Fällen auch nicht geliefert werden könnten! Der Geist ist also auch selbst Opfer, aber wie gesagt, das alles läuft im Rahmen der Normalität. Der Geist ist dann nicht diese falschen Überzeugungen, sondern beruht lediglich auf ihnen.

Je länger man also den Geist zwischen den Fingern hin und her bewegt, umso mehr bekommt man den Eindruck, es mit einem ,armen, schwarzen Kater' zu tun zu haben! Ihm haftet ein Flair von Negativität an, durch das Umherirren in seinem Bereich färbt auch die – niedrige, aber immerhin! – Destruktivität von kulturellen Strukturen auf ihn ab, er erscheint hilflos, ein Stück orientierungslos und sucht nach einem Ausweg, vor dem er sich seinem Wesen nach fürchtet! Und zu allem Überfluss gibt es dann noch einen kulturell vergemeinschafteten, kollektiven Geist, der nicht im Bildungssystem, nicht in den offiziellen Regeln, sehr wohl aber in der alltäglichen Praxis anzutreffen und wirksam ist, und der dann unter Umständen zu ganz gehörigen Untaten imstande ist – klarerweise wiederum, ohne es gewesen zu sein! Aber der Geist des Einzelnen kann dafür nur sehr bedingt „haftbar" gemacht werden. Immerhin lässt sich der kollektive Geist in der deutschen Sprache etwa auch als Konnotation des Wörtchens „es" identifizieren, oder noch deutlicher in ,es gibt'. Der subjektive Geist erkennt nicht, ob Rahmenbedingungen gut oder schlecht sind, dies gehört in den Bereich der Individualität eines Menschen, seiner Sprachreflexion, Ehrlichkeit, Ethik. Und noch dazu könnte man hier ausholen und die Meinung vertreten, dass etwa das moralische Gegensatzpaar gut-böse eine Form der Aggression darstellt. Doch geht so ein Gedanke selbstverständlich nicht als Entschuldigung durch, auch nicht für einen etwaigen kollektiven Geist!

Mikaela, ohne jetzt noch weiter abzweigen zu wollen, möchte ich noch kurz den Begriff Existenz streifen, welchen man im Kontext etwa so umschreiben könnte: Existenz ist die Abhandlung der Dingeigenschaften des Menschen, ist die Interpretation eines Menschen als Ding. Vom Geist haben wir gesagt, er wäre die Bereitschaft zur Akzeptanz von Dingeigenschaften. Von der Zeit, die objektiv ja auch eine Dingeigenschaft sein kann, ließe sich behaupten: Die Anwendung der Zeit auf Menschen schreibt ihnen den Dingstatus zu. Oder unter Einbeziehung der Sprache: Zeit sind alle Vorurteile, die einen Menschen zum Ding machen. Und dann könnte man noch den Begriff Macht hinzufügen: Macht besteht in der Anwendung von Dingeigenschaften auf Menschen – womit wir in der Gegenwart bereits einen ziemlich hohen Abstraktionsgrad erreicht haben!

Der Geist wäre in diesem Begriffsgefüge wiederum das eher farblose Opfer, wird aber in den höheren Bewusstseinsschichten unerwartet zum Täter: Der Geist ist jene Macht, die das Bewusstsein von der Wirklichkeit entfernt. Das Bewusstsein könnte zeitlich mit der Wirklichkeit zusammenfallen, dass das aber nicht so ist, ist dem Geist geschuldet! Und dabei ist der Geist nichts weiter als ein Offenhalten für Möglichkeiten, ein Verwechseln der Vergangenheit mit der Gegenwart und viele Verdrehungen mehr. Der Geist selbst ist nicht so schlimm, aber er führt zu unangenehmen Ergebnissen, und kollektiv – naja, hier versagt einem fast ein bisschen die Sprache!

Man sollte jetzt noch der Zeit ein wenig zu ihrem Recht verhelfen, aber das muss ich wohl auf einen anderen Brief verschieben. Hier könnte ich nur ein eher paradox anmutendes Sätzchen anführen: Zeit ist die den Dingen innewohnende Sehnsucht nach Befreiung. Die Zeit, objektiviert eine Konvention, ist der etwas härtere, festere Anteil des funktionellen Joint-venture mit dem Geist. Aber auch sie ist eine Einrichtung der Natur, das Bewusstsein sozusagen wieder auf einen Natur-adäquaten Zustand zurückzuführen, und sei es auch erst am Ende des Lebens! Geist ohne Zeit existiert nicht. Erlischt die Zeit für einen Augenblick, ist es mit dem subjektiven oder persönlichen Geist für immer vorbei.

Und der Geist, trotz allem noch in gewissem Maß Sympathieträger, könnte noch einmal zu erfassen versucht werden als Sammlung von Gewohnheiten, die uns von Angst ablenkt, und Angst wäre ja bei genauer Sprachverwendung zu unterscheiden von einer konkreten, anlassbezogenen Furcht. Der Geist besteht sozusagen beinahe aus Angst, aber er möchte, und vielleicht gerade deshalb, davon ablenken! Kann man ihm das verdenken? Für einen Menschen bedeutet das aber, dass die persönliche Entwicklung neben anderem auch ein Stück weit darin besteht, den Geist durchschauen zu lernen, einfach indem man vielleicht die eigene Sprache um eine Spur genauer verwendet und vor allem durch das Bewusstsein einer festen Verbundenheit mit der Natur. Der Geist ist sozusagen generalisierte Partialität mit allen Raffinessen und Tricks, die Natur ist immer eins. Und das gilt vor allem auch im Hinblick auf die Zeit!

Herzliche Grüße,

Erich Maier

2. Mai 2020

Liebe Mikaela,

gestern feierten wir den 1. Mai in etwas seltsamer Stimmung. Wunderbares Wetter, die strengen Bestimmungen des Corona-

Shutdowns wurden weitgehend gelockert, heute kann man wieder fast alle Geschäfte betreten, was offenbar auch geschieht. In unserem Dorf steht sogar ein Maibaum, der hoffentlich unter Einhaltung der gesundheitlichen Vorsichtsregeln aufgepflanzt wurde!

Um den Faden nicht ganz aus der Hand zu geben: Die Zeit ist als Wort ein Vorurteil, das in der Wirklichkeit niemals zutrifft, und zwar deshalb, weil das Bezeichnete ein Agglomerat namenloser, persönlicher psychischer Strukturen darstellt, welches sich dem verbalen Zugriff des Verstandes entzieht und somit auch nicht durch Denken, Planen und so weiter bearbeitet oder gar aufgelöst werden kann. Dennoch kann etwa die Psychotherapie ein Stück weit Einfluss nehmen, falls dieses persönliche „Konstrukt" einmal etwas aus den Fugen gerät. – Vielleicht eine etwas unerwartete Assoziation: Zeit und Psychotherapie! Ich könnte dazu noch nebenher eine Bemerkung anführen, deren Gipfel jedoch in den Wolken des Kilimandscharo, Fuji oder Nanga Parbat verschwindet: Eine gute Therapie führt letztlich zur Auflösung des Geistes. Umsetzen könnte das selbstverständlich nur der Betreffende selbst, und überdies müsste man so ein Ziel erst überhaupt ins Auge fassen! Es fiele zudem nicht nur in den Bereich der Psychotherapie, sondern auch der Spiritualität, der Seelsorge und ein Stück weit auch der Esoterik, und so fort. Nur ist dieser Bereich von den Begriffen her gar nicht so eindeutig abgesteckt, und ich möchte nun einen bescheidenen Versuch starten, ein paar Begriffe dieses Bereichs ein wenig näher zu beleuchten!

Dabei taucht gleich zu Beginn eine erhebliche Schwierigkeit auf, weil es sich hier offenkundig um eine andere Art von Realität handelt, welche ich um der besseren Unterscheidung willen als ‚Wirklichkeit' bezeichnen möchte. Und ich hoffe, ich halte das auch während des ganzen Textes durch! Was unterscheidet nun meinem Verständnis nach Wirklichkeit von der Realität? Im Wesentlichen ein einziger Punkt: eine kürzere Zeitspanne, die von dem Wort umfasst wird. Realität ist reproduzierbar, Wirklichkeit ist einmalig. Realität bezeichnet Dinge, Strukturen, auch Ideen, die Existenz; Wirklichkeit liegt näher an den Menschen und der Natur. Realität kann man mit dem Denken erfassen, die Wirklichkeit entzieht sich in ihrem jeweils konkreten Auftreten diesem Zugriff. Grob gesagt: Die Realität ist die Wortausstattung der Dinge, die Wirklichkeit jene des eigenen Handelns.

Nur steht diesem provisorisch skizzierten Verständnis, das selbstverständlich keinerlei Autorität beanspruchen kann, der Begriff Kultur intuitiv entgegen, und dem liegt wohl auch tatsächlich Substanzielles zugrunde. Jedes Kind durchläuft im Heranwachsen neben der Sozialisation auch eine Enkulturation, und diese besteht zu einem guten Teil darin, dass sich innere Strukturen herausbilden, um mit Worten und Dingen umgehen zu können. Diese Strukturen haben keine Namen, aber sie werden sozusagen immer wieder verwendet und fungieren dann quasi wie Straßen oder Wege des Bewusstseins, welche immer wieder benutzt werden und dadurch eine gewisse Stabilität herausbilden. Es kommt, bildlich zugespitzt, im natürlichen System des Körpers zur Anlage eines Parallelsystems, welches eine Reaktion auf die kulturellen Gegebenheiten darstellt. Nun ist daran nichts auszusetzen, im Gegenteil, es wäre mühsam, wenn man etwa jeden Tag die Sprache aufs Neue lernen müsste! Woran es aber meiner unbedeutenden Meinung nach ein klein bisschen hapert, ist das Bewusstsein der Unterscheidung von der Natur und in der Folge auch Ungenauigkeiten oder eine Verwechslung des Stellenwerts, der Kulturgütern und eben der Natur zukommt. Dinge werden höher eingeschätzt als das Leben, man kann mittels technischer Fertigkeiten das Leben gestalten und so weiter. Ein Stück weit ist das ja okay, nützlich, bequem, aber der Begriff Kultur impliziert hier eine systematische Schieflage, sodass sich sozusagen die Natur erst zu ihrem Recht verhelfen müsste, so sie das täte! Und in diesen Kontext fällt dann auch die Wirklichkeit eines Menschen hinein.

Mikaela, man kann sich diesen Bereichen wohl unter verschiedenen Aspekten annähern, von verschiedenen Ausgangspunkten her. Einer wäre beispielsweise die Zeit: Die Vergangenheit ist existenziell, die Zukunft individuell und damit näher an der Natur! Ein anderer würde oben erwähntes, internes Parallelsystem der Kultur voraussetzen und versuchen, damit zu einer persönlichen Lösung zu kommen, welche ebenfalls ein Stück weit naturverträglicher ist: Ehrlichkeit zu sich selbst. Ein Sätzchen dazu lautet dann etwa: Ehrlichkeit bedeutet handelndes Übereinstimmen mit dem Selbst. Wenn ich nun auf eine feine Unterscheidung zwischen Handeln und Verhalten hinweisen darf, wird das vielleicht leichter verständlich! Handeln ist einfach eine Spur bewusster als Verhalten, Letzteres bezeichnet eher so etwas wie Routine, Eingeübtes oder auch Gelerntes, dem man dann nicht mehr so viel Aufmerksamkeit schenken muss. Daraus besteht ja wohl auch der Großteil des alltäglichen … eben Verhaltens. Höflichkeitsregeln, so sie heute noch respektiert werden, fallen auch in diesen Bereich, machen aber nur einen kleinen Teil davon aus. Handeln dagegen hat auch ein Stück weit mit eigener Entscheidung zu tun, ist aufgrund der situativen Herausforderung häufig auch eher spontan, aber eben nicht nur unterbewusst, sondern auch zumindest ein wenig von der bewussten, unter Umständen auch etwas selbstkritischen Aufmerksamkeit begleitet. Für das Handeln fühle ich mich vielleicht persönlich verantwortlich, aber wenn mir im Verhalten ein Fehler unterläuft, muss ich mich deshalb nicht gleich selbst als „böse" beschuldigen! Dennoch existiert hier wohl auch ein Graubereich, und manche sind ja bekanntlich empfindlicher als andere! – Überhaupt sind diese Unterscheidungen mit Vorbehalt zu genießen, sie sollen nur etwas illustrieren, das für das Verständnis des Inhalts nützlich ist, sind aber selbst nicht sozusagen in Stein gemeißelt!

Vielleicht könnte man diese Unterscheidung auch so zu beleuchten versuchen: Verhalten findet eher im Bereich der Dingwelt, der Strukturen und der Existenz statt bis hin zur Sprache, das Handeln hat einen Schwerpunkt in Implikationen für Menschen einschließlich einem selbst und die Natur. Um ein konstruiertes Beispiel zu geben: Ich könnte jemandem mit ausgesuchter Höflichkeit eine Falle stellen und diesem Menschen einen ordentlichen Schaden zufügen. Was wiegt dann mehr: das Verhalten oder die Tatsache?

Noch einmal, es geht hier nur darum, einen Bereich zu umreißen, der häufig gar nicht als eigenständiger Bereich wahrgenommen wird, und dazu muss man halt zunächst einmal etwas drastischere Kontraste setzen. In der Perspektive der von der menschlichen Sprache verursachten Bewusstseinsbereiche wäre das Verhalten die Domäne des Geistes, das Handeln jene der Seele. Der Geist wirkt aber auch in den Bereich der Seele hinein, und das ist ja gerade das Problem! Würde man immer alles klar erkennen und verstehen, wäre manches einfacher! Ich persönlich darf für mich selbstverständlich nicht beanspruchen, sozusagen über die Dinge erhaben zu sein, aber ich möchte die Sprache beleuchten, und da gehört diese Unterscheidung dazu! Die Seele existiert ebenso wie der Geist, weil es die Sprache gibt, nur der Geist sozusagen nach unten hin zu den Strukturen und zur Realität, die Seele nach oben hin zu – naja, wiederum zur Natur und natürlich zu den anderen. Und wenn man sich in diesem Kontext die kulturelle Tradition ansieht, bedeutet das Wort Spiritualität etwa wörtlich Geistigkeit oder eben eine Auseinandersetzung mit dem Geist, beschäftigt sich inhaltlich aber hauptsächlich mit dem Bereich der Seele und weniger mit dem Verhalten des Fahrschülers in den ersten Übungsstunden!

Ich könnte in den fraglichen Perspektiven auch das Wort Leben beleuchten und schablonenhaft behaupten: Das Leben wird passiv als Zeit begriffen und aktiv als Handeln. Leben ist grundsätzlich etwas Natürliches, klar, aber es kann dann auch den Hintergrund für Erfahrungen, Erlebnisse und ganze Phasen, Abschnitte bilden, passiv also verstanden werden als eine ständige Ansammlung von Zeit, wobei der Raum nach vorne hin selbstverständlich abnimmt. Wenn ich aber annehme, dass der Begriff Leben im Raum über der Sprache angesiedelt ist, bedeutet das auch, dass ich einzelne Momente unter Umständen – Schlagwort! – bewusster wahrnehme, deren Einzigartigkeit respektiere und meinen eigenen Output in diesem Kontext vielleicht etwas genauer unter die Lupe nehme, nicht immer, aber immerhin! Und dann könnte ich mich sogar zu der Formulierung versteigen: Leben bedeutet für den Menschen in erster Linie Handeln. Ich kann selbstverständlich nicht dauernd auf 180 sein, aber andererseits wird dadurch mein bescheidenes, persönliches Leben ein Stück weit ,geadelt', jetzt ohne Schwertschlag und Adelsbrief, aber ich habe immerhin ein Recht, mein Leben ernst zu nehmen, muss dasselbe Recht aber natürlich auch anderen zugestehen. Ich übernehme dann ein Stück weit Verantwortung für mich und müsste anderen Personen dieselben Voraussetzungen zugestehen, auch wenn sie sich persönlich unter Umständen ganz anders verhalten. Und damit erfinde ich ja nichts Neues, das ist ja implizite Grundlage des demokratischen Verhaltens. Um das mit einem weiteren Sätzchen abzurunden: Leben bedeutet zu begreifen, dass das eigene Handeln zählt.

Man könnte hier innehalten und eine subtile Unterscheidung herauszuarbeiten versuchen, die umgangssprachlich jedoch gar nicht vorgenommen wird, jene zwischen Moral und Ethik. Inhaltlich begibt man sich damit auf ein brisantes Feld, weil Moral in früheren Zeiten auch als ein Grundlagensegment für die Rechtsprechung herangezogen werden konnte bis hin zu Hexenprozessen und so fort. Auch heute bezieht sich die Moral noch auf die Formen der Existenz, und für die Ethik würde ich, aber das ist, wie gesagt, allgemein nicht so üblich, den Bereich oberhalb der Sprache vorschlagen, einfach um hier besser unterscheiden zu können. Ethik hat dann mit Verantwortung zu tun, mit Entscheidungen, die man trifft, auch mit dem Handeln, wie ich es kurz zu skizzieren versuchte. Und die Wirklichkeit wäre dann sozusagen eine sprachliche Schablone, welche den Einzelnen in seiner Ethik unterstützt.

Moral ist wichtig, denn auch die Formen der Existenz, des Verhaltens brauchen Regelungen, aber historisch betrachtet spielten die Sitten und Gebräuche wohl in früheren Zeiten eine größere Rolle als etwa seit den Sechzigerjahren, wo man begann, einen Schwerpunkt auf die individuelle Verantwortung zu legen. Ich habe hier weder die Kompetenz noch die Legitimation, eine Religionsstunde zu halten, aber ich denke, dass das im Neuen Testament beschriebene Verhalten und Handeln Jesu in diversen Situationen exemplarischen Anstoß für ethisches Verhalten im oben verstandenen Sinn liefern könnte, wie er das ja auch explizit gegenüber Geistlichen seiner eigenen Kultur mitunter zum Ausdruck brachte. Das Verhalten oder Handeln Jesu könnte also gleichnishaftes, exemplarisches Muster für ethisches Verhalten der Gegenwart darstellen, ohne dabei eins zu eins kopiert werden zu können! Und Analoges gibt es in den anderen Religionen wohl auch. Natürlich gibt es in den Religionen auch Vorschriften bezüglich des Gottesdienstes, einer Fastenzeit oder ähnliches, und dann gibt es noch einen Kanon vor ethischen Verhaltensregeln wie etwa die 10 Gebote. Aber hier merkt man schon, dass die Grenzen verschwinden, dass die Unterscheidung zwischen Ethik und Moral nicht so leicht durchzuhalten ist und eher für das persönliche Innenleben Bedeutung hat als für eine allgemeine Diskussion. Und damit besteht dann auch die Gefahr des Argwohns, der Skepsis, des Verdachts: Wenn ich mich für das Gute entscheide, bleibe ich am Ende vielleicht als Dummer übrig! Ein Abwägen von Gütern sowie deren möglichen Verlustes einerseits, und der Moral oder Ethik andererseits. – Ziemlich komplex! Wird aber vielleicht eine Spur einfacher, wenn ich Güter und Moral assoziiere sowie Ethik und Leben, Verantwortung, Handeln. Aber wie gesagt, das kann bestenfalls einen Vorschlag darstellen.

Mikaela, jetzt spiele ich als philosophisches Kind einmal mit den Bauklötzchen und kann nicht versprechen, dass dabei etwa der Mailänder Dom herauskommt! Aber zum Beispiel: Autorität. Wenn man lange zurückgeht, bedeutet das wohl eine Tendenz, zu akzeptieren, dass jemand die Macht hat, Aussagen zu machen, die auch für andere zutreffen. Ein steinzeitlicher Anführer erlässt ein Gesetz, oder so. Autorität bezeichnet einerseits die Urheberschaft und impliziert dann auch die Gültigkeit. Das war früher wohl hauptsächlich ein Insigne der Macht und später dann vielleicht auch ein Merkmal der Anerkennung von Leistung, Können und so weiter, weltlich oder religiös oder Sonstiges. Und dass Leistung auch anerkannt werden soll, hat ja auch heute noch mit Recht Gültigkeit! Aber das Begriffspaar gut-böse übersteigt die Grenzen implizit logischer Strukturen, weil es den Persönlichkeitsbereich einer anderen Person in einer Art zu kennen beansprucht, wie ich nur meinen eigenen Bereich kennen kann. Nur Urteile über das eigene Verhalten sind sozusagen relevant und derartige Urteile über andere stellen, streng genommen, bereits eine leichte Form der Unterdrückung dar. Wenn ich einen anderen so beurteilen möchte, bliebe letztendlich nur dessen Geist als Objekt übrig, und den kann ich ja wohl nicht so fest fassen! Doch darf ich andererseits jedes Wort, jeden Bestandteil der Sprache als eine Art Vorurteil auffassen, weil es immer wieder zur Anwendung kommt und keine Anwendung einer anderen völlig gleicht. Gott sei Dank, haben wir die Natur, die die Sprache auch einmal links liegen lassen kann, ohne Gefahr zu laufen, dabei Schaden zu nehmen!

Das Bewusstsein, so könnte ich nun behaupten, ist der Anspruch, mit Sprache das Leben zu erfassen. Der Mensch kommt also um die Sprache nicht herum, Sprache hat auch Autorität, und andererseits spielt das in meinen persönlichen Bereich herein wie nichts anderes! Objektiv dürfte man dazu wohl feststellen: Die Sprache ist der ständige Versuch, das Bewusstsein zu beschreiben – einmal eine andere Sicht einer ‚unverrückbaren Struktur'. Das Bewusstsein umfasst inhaltlich auch das Unterbewusstsein und Unbewusstes, als Entität umfasst es auch eine Verantwortung für das Schweigen, für die Natur. Und diesen Prozess kann man dann zuspitzen bis hin zu dem Gedanken: Ein Bewusstsein, das alle Nuancen der Sprache fühlt, kann rasten.

Aktivierungen des Bewusstseins können sowohl im geistig-existenziellen, also im Strukturbereich der Sprache auftreten wie auch im seelisch-individuellen, also im natürlichen Bereich „oberhalb" der Sprache. Auch hier hat die Sprache selbstverständlich ihre Bedeutung, was sich etwa zeigt, wenn man den Bereich der Ethik hier einpflanzen möchte, und für eine Person stellt sie dann deren Wirklichkeit dar. Das Bewusstsein bildet eine Spannung zwischen der Natur und der

Existenz, eine Klammer über den Polen Geist und Seele. Und es impliziert das Unbewusste, bis der Geist erlischt.

Immer noch in der Attitüde des unschuldigen, philosophischen Kindes könnte ich nun sogar versuchen, mich im Kontext an das Wort Gott anzunähern. Die Sprache hat eine gewisse Autorität, aber keinen Ursprung, zumindest lässt sich dieser nicht nachweisen. Die Autorität kommt daher, dass sie als Konvention Gültigkeit hat, und geht so weit, dass sie sozusagen mein eigenes Bewusstsein bestimmt als Reflexion des objektiven Zusammenspiels kultureller Elemente. Wie gesagt, ich habe keine religiöse Kernkompetenz, aber ich könnte etwa das Wort Glaube persönlich unter dem Aspekt auffassen, Gott als Ansprechpartner zu akzeptieren. Das Wort Gott ist ein Teil der Sprache, dahinter steht aber viel mehr und möglicherweise sogar ein leises Unbehagen mit der Konvention der Sprache und mit der ganzen Kultur. So kann Gott aufgeladen werden als die Summe von allem, was ist, und in der anderen Richtung könnte ich Gott auch auffassen als das Nichts, den Zustand, der frei ist von all dem. Auf die Struktur der Sprache selbst angewendet, ließe sich dann etwa formulieren: Gott ist ein Wort, das die anderen Worte außer Kraft setzen soll.

Befindet man sich selbst in der Strukturschicht der Objekte, könnte man etwa annehmen: Gott ist das subjektive Akzeptieren der Ordnung der Sprache. Auf der Ebene der Wirklichkeit: Gott übernimmt die Verantwortung für das Handeln der Gemeinschaft. Dem liegt ein implizites Verständnis zu Grunde wie: Religion ist die sprachbedingte Bezogenheit auf andere – wobei dieses Verständnis dann in der Reflexion durchaus auch kritische Ausprägungen umfassen kann. Aber wie gesagt, das ist hier keine Religionsstunde!

Als Sekundarstufen-Schüler könnte ich nun die Behauptung erträumen: Das Bewusstsein ist die Erfüllung der Sinneinheit ‚jeder, ganz, all'. Die Tatsache, ein Bewusstsein zu haben, verbindet mich mit anderen; wie, weiß ich nicht so genau. Und zugleich, aber das steht auf etwas wackeligen Beinen, gründet sich darauf ein gewissermaßen selbstverständlicher Respekt mir selbst und anderen gegenüber. Bewusstsein und etwa Leben haben eine enge Begriffskorrelation. Das Bewusstsein leitet sich aber von der Sprache ab, es braucht die Sprache als Grundlage, und zwar in diesem spezifischen Bereich mehr in ethischer Hinsicht denn in dinghaft-struktureller. Das Bewusstsein, zweifellos in irgendeiner Form ein ‚Abklatsch' der Kultur, entsteht möglicherweise als eine Herausbildung der Wirklichkeit, des Handelns eines Menschen vom Babyalter an, und erst ab dem Erwachsenenalter übernimmt dieser Mensch dann die Verantwortung dafür. Bewusstsein und Wirklichkeit eines Menschen bezeichnen dasselbe, und es ist verständlich, dass der Geist ‚denkt', er hätte auch ein Wörtchen mitzureden! Wenn ich dann auch noch die dunkle Sonnenbrille des Oberstufenschülers trage, stoße ich vielleicht auf die Erkenntnis: Ganzheit ist die Illusion der geistigen Übereinstimmung – und ich fühle mich oder bleibe erst wieder alleine!

Auch im Bewusstsein kommt es also zu einer Vermischung des Ding- oder Strukturbereichs mit dem menschlichen oder Naturbereich und es wäre demnach wichtig, etwas genauer zu unterscheiden. Aufgrund der Verschlingungen bei der Genese des Bewusstseins ist das aber oft gar nicht so einfach! Die Tatsache, das Bewusstsein in meinem Bauklötzchen-Modell „über" der Sprache anzusiedeln, hebt es schon in diesen Bereich der Verantwortlichkeit hinein, nimmt ihm aber nicht die Kompetenz, Dingstrukturen zu behalten und zu beleuchten. Erinnerung kommt dazu und verleiht Inhalten und Objekten Dauer, gibt mir aber zugleich auch das Gefühl, selbst dauerhaft zu sein, nicht zuletzt, weil die Sprache mein Bewusstsein konstituiert. Das Bewusstsein verbindet, und das ist eine lineare Grundschulrechnung, die Vergangenheit mit der Gegenwart und damit zugleich Persönliches mit Allgemeinem. Es bildet sozusagen eine Ganzheit, aber es hat keine fixen Grenzen, es schwebt innerhalb der Natur und ist Teil der Natur. Und was mein buntes Modell betrifft, in den Schichten drei und vier umfasst es auch verschiedene komplexe Strukturen, Verbindungen, Systemkomponenten, welche ich nicht alle durchschauen kann, und die trotzdem existieren. Hier wirkt das Kollektiv, die objektive Kultur in meine Innenrepräsentation hinein, und ich kann und muss nicht jeden einzelnen Kulturbestandteil analysieren!

In der Ebene fünf übernehme ich aber Verantwortung, und dem Allgemeinen werden in gewissem Sinn die Grenzen aufgezeigt. Aber, Mikaela, ich für mein Teil kann selbstverständlich nicht behaupten, immer perfekt gewesen zu sein, und deshalb das Recht beanspruchen, von mir zu verallgemeinern! Dafür gibt es ja das Wort Individuum, was dann wiederum eine Nähe zur Natur impliziert. Nur der Terminus Natur verkörpert unter den fassbaren Dingen eine Einheit, die nicht zerstörbar ist, und als Individuum habe ich in gewisser Hinsicht Anteil daran.

Gäbe es keinen Geist, wären Bewusstsein und Wirklichkeit dasselbe. Jeder Mensch entwickelt aber einen Geist sozusagen als kollektiven Anteil an seinem Innenleben, der dann aber wieder ein ganz persönliches Gepräge hat. Und um mich dann wieder mit meinem Banknachbarn abstimmen zu können, hilft mir etwa der Ausdruck „normal". Normalität, so könnte ich behaupten, entsteht als Verallgemeinerung des Zufälligen, und dieses Verallgemeinern des Zufälligen, auch unter dem Terminus Abstrahieren bekannt, stellt wiederum das Künstliche her. Vor dem Hintergrund der

Sprachschablonen läuft in meinem Bewusstsein ein ständiger Abstraktionsprozess der Wahrnehmung ab, welcher mich selbst wiederum, wenn ich den Scheinwerfer etwa vorne unten postiere, zu einem ‚Wahrnehmungsding' macht, welches über die Normalität in gewissem Grad vervielfältigbar sein müsste, zumindest theoretisch! Unter diesem Aspekt dürfte man dann vielleicht die Aussage tätigen: Technische Dinge multiplizieren das menschliche Bewusstsein. In der Praxis wird das ja seit Jahrzehnten suggeriert! – Bitte nicht falsch verstehen! Die Technik, die Kultur kann nix dafür! Aber ich könnte und dürfte für das Wort „normal" in diesem Zusammenhang ebenso das Wort „verrückt" verwenden, das ja sonst einigermaßen gegenteilig positioniert ist! Verrückt heißt dann aber nur, dass ich eine allgemeine Außenposition in mich herein übernehme und an dieser Stelle meine eigene Position nicht treffen kann, weil sie von einer kollektiven Struktur überlagert ist. Ich brauche das Rad nicht neu zu erfinden, aber ich könnte etwa verfolgen, ob es sich naturkonform weiterentwickelt, oder so! Und überdies kann ich die Position ja einzufärben versuchen oder ihr anderswie eine persönliche Note verleihen!

Als Reflexion des Technisch-Objektiven ist das Bewusstsein also das fragile Wahrnehmungsniveau des Normalen. Der sprachliche Raster wiederum verbürgt als Dauer eine Verbindung der Vergangenheit mit der Gegenwart. Die Spannung der Zeit birgt jedoch den Pferdefuß der Ungenauigkeit in sich, welcher unter Umständen auch mit dem Wort Lüge bezeichnet werden könnte. Ohne es zu wollen, ist das Bewusstsein eine Verlagerung weg vom unmittelbaren Moment sowohl in räumlicher als auch in zeitlicher Hinsicht. Und es kann nix dafür! So wächst man nun mal auf, jeder auf seine eigene Art!

Mit einem etwas skurrilen Satz könnte ich das zu illustrieren versuchen: Die normale Haltung des Menschen ist mit dem Rücken zur Zukunft. Aber darin läge dann auch die Chance, im ethischen Bereich. Versteht man die Zukunft weniger als grammatikalische Zeitstufe denn als das, was einem aufgrund des eigenen Handelns natürlich-gerechterweise zukommt, dann müsste die Absicht konsequenterweise dahin gehen, die bewusste Zeitspanne zu reduzieren, weil man sie dann besser wahrnehmen, aber auch kontrollieren oder beherrschen kann. Dies würde wiederum in Richtung bewusstes Handeln gehen. Klar ist aber auch, dass das Bewusstsein auch die Reflexionen von Dingen beinhaltet, welche sozusagen einen anderen Level von Dauer implizieren. Dennoch: Ethik ist über Verantwortung und Ehrlichkeit sozusagen jener Ort, an dem das Bewusstsein befestigt ist, ob das der Einzelne jetzt mehr oder weniger wahrnimmt oder nicht! Ein aktivierter Geist könnte Licht in die Dingwelt und die Existenz bringen, die Aktivierung der Seele würde das Handeln auf den Punkt zu bringen versuchen.

Mikaela, für mich besteht die Conditio humana in der menschlichen Sprache. Und das Wort „ich" bildet für die Person das Hauptwerkzeug des sprachlichen Gebarens. Das Bewusstsein wiederum wird durch die sprachlichen Strukturen aufgespannt, die Erinnerung kommt dazu, und das Ich fungiert im Bewusstsein wie ein Scheinwerfer, der ein Thema beleuchtet. Es ist also nichts weiter als ein nützliches und notwendiges Werkzeug, wird aber von jeder Person irgendwie aufgeladen, drängt sich dann selbst in den Vordergrund. Doch das ist hier nicht Thema, das Ich verdient einen eigenen Brief!

Vom Geist war bereits die Rede, deshalb hier nun einige Worte zur Seele. Der Begriff hat ja zweifellos eine stark religiöse Färbung oder

Prägung, aber ich werde ihn so zu präsentieren versuchen, wie er sich bei der Sprachbetrachtung darstellt. Und hier kommt mir gleich das Wort Individuum in die Quere, welches im Sprachgebrauch mitunter etwas missverständlich rüberkommt! Individualität ist der Bewusstseinszustand der Seele. Was heißt das? Naja, über der Sprache geht es wieder in Richtung Einheit der Natur! Und umgekehrt: Der Sprung vom Individuum zum Ich geschieht über die Sprache. Was bedeutet das konkret? Wenn die Seele aktiviert ist, sozusagen brennt, was es ja geben soll und kulturell im Bereich der Mystik behandelt wird, und man von dort aus in den Bereich der Existenz zurückkehrt, passiert man dabei die Schwelle der Sprache. Nimmt man diesen Vorgang aber ganz genau und sind einem dabei auch die unbewussten, emotionalen Grundlagen der Sprache sozusagen bewusst, dann kann es sein, dass man das Ich verfehlt und in das Nichts fällt, jenen Bewusstseinsbereich, den wir beispielsweise vom Tiefschlaf her kennen.

Die alten Inder, und das möchte ich hier nur kurz einschieben, unterschieden die vier Bewusstseinsbereiche Wachzustand, Traumschlaf, Tiefschlaf und einen, den sie einfach „den Vierten" nannten, Turiya. Ich kenn mich in der Hindukultur nicht so gut aus, aber wenn man bei diesem Sprung das Ich verfehlt, stellt sich vielleicht dieser vierte Zustand ein, ein Moment wie Tiefschlaf im Wachzustand, und dann ein leicht verändertes Bewusstsein. Die Zen-Leute wiederum sagen, es gibt keinen Unterschied zwischen Vorher und Nachher bei dieser Erfahrung und meinen damit, selbst wenn etwa der Geist nachhaltig wegfallen sollte, hat sich im Grunde nichts verändert! Es gibt dann nichts anzustreben und auch nichts zu gewinnen! Naja, jeder hat halt seine Meinung, das ist Mystik!

Aber ich glaube, es zeigt sich dabei, dass das Wort Individuum durchaus auch ernster zu nehmen ist als ein besser klingendes Synonym für Ego! Im Gegenteil, das Individuum stünde dann für ein Selbstgefühl, eine Art Selbstwahrnehmung, welche von egoistischen Intentionen weitgehend frei ist und deshalb nur eine momentane sein kann, eigentlich ein entspannter Zustand des Bewusstseins, aber auf einem „hohen" Niveau. Nicht umsonst ist auch der Bereich der Ethik, der Ehrlichkeit zu sich selbst im Umkreis angesiedelt, und es ist nicht weit zu Begriffen wie Selbst, Natur oder Nichts!

Das Individuum vereint das Subjekt und Objekte in sich. Es kann das, weil es über der Sprache angesiedelt und eine natürliche Entität ist. Im Strukturbereich, wo Subjekt und Objekte zu Hause sind, besteht das Fundament oder der Sockel des Individuums sozusagen in Leere, räumlich aufgefasst als die Erkenntnis der Unbegrenztheit der Dinge, zeitlich als die Erkenntnis, dass Dauer Illusion ist. Das Individuum bezeichnet also einerseits den konkreten Entwicklungsstand eines Bewusstseins ausgehend von der Körperwahrnehmung im Babyalter, dann die momentane Wahrnehmung des Selbst und schließlich auch eine Art Top-down-Tendenz, welche letztlich zur Auflösung des Geistes, zum Erlöschen des Aktivierungszustands der Seele führt.

Zur Seele selbst bleibt nicht so viel zu sagen. Sie erscheint in wahrnehmender Form als Bezug auf sich selbst, das heißt, sie vollzieht sozusagen die Schleife des Ichs nach, übernimmt dessen Funktion, aber in einem weit höher aktivierten Bewusstseinszustand, sodass das Ich von diversen Schlacken befreit wird, die es im ständigen Spannungsfeld von Subjekt und Kollektiv aufnimmt oder anlegt. Die Schleife des Ichs steht dann unter Strom wie der Draht einer alten Glühbirne – aber technische Vergleiche bringen uns hier nicht weiter! Wird das Ich auf diese Art mehrmals entschlackt, bleibt es irgendwann als reiner Funktionsträger zurück, jeweils im Prozess eines konkreten Handelns, einer Wahrnehmung der Wirklichkeit. Über die Sprache der Wirklichkeit ist das Moment des Kollektivs im individuellen Handeln präsent, und diese theoretische Unvereinbarkeit auf eine möglichst engmaschige Gegenwart konzentriert kann sich eigentlich nur als Wahrnehmung von Energie darstellen, weil jede Form das an sich unlösbare Rätsel sofort wieder verkörpern würde! Man könnte auch sagen, die Seele ist die Wahrnehmung des Selbst in der Handlung – durch ein Ich hindurch, welches sich als reine Energie darstellt, und diese Energie hat dann auch den Effekt einer Reinigung der Selbststruktur. Seele und Selbst liegen also eng beieinander, das eine ist sozusagen ein höher aktivierter Zustand des anderen.

Aber auch Geist und Seele haben dann offensichtlich wichtige Verbindungen, abgesehen davon, dass beide aktiviert werden können, was aber im Alltag wohl ziemlich selten vorkommt und daher auch kulturell in Bereichen wie der Mystik oder Spiritualität aufgehoben wird. Der Geist liefert sozusagen den Rohstoff für die Seele, er ist die Überhöhung des Ichs in den Bereich der Seele. Man könnte auch sagen, er ist die intentionale Überlagerung der Seele, wobei mir – anders als in der Phänomenologie – die Intentionalität beinahe wie eine Art subjektiver Verherrlichung des Verbrechens vorkommt! Der Geist als Verbrecher! Dreht man das Beobachtungssegment ein Stück weiter: Der Geist ist der fiktive Anteil am Seelenleben des Menschen.

Mikaela, bitte entschuldige, dass ich das hier so „runter-bete", aber Geist und Seele sind schon schwierig genug zu fassen! Will man auch noch sprachliche Strukturverbindungen herstellen, erscheint das schon ziemlich spekulativ! Die Seele braucht also den Geist, um sich selbst befreien zu können, das Ziel beider ist sozusagen gleichermaßen das

Nichts. Und dabei geht es, wie so oft, um die Zeit: Der Geist nähert sich an die Zeit an, die Seele bringt sie auf den Punkt. Und „Punkt" wiederum könnte ich mir im Mikrobereich der Sprachstrukturen als einen Kreis von – großteils namenlosen – Existenzialien vorstellen, durch die das Nichts in die Wirklichkeit eintritt.

Aber, um auch noch die Unterschiede herauszuheben: Der Hauptunterschied besteht wohl in Verantwortung, diese fällt in den Bereich der Seele. Das Rätsel der sprachlichen Bezogenheit auf andere löst der Geist mit dem Terminus der Möglichkeit, die Seele mit der Sprache der Wirklichkeit. Der Geist setzt sich mit Dingen auseinander, die Seele mit Menschen und der Natur. Das Hauptattribut des Geistes ist Macht, das der Seele Wirklichkeit. Können und Wollen sind Merkmale des Geistes, Handeln der Seele. Geist ist das Produkt von Angst und Verzweiflung, die Seele von Liebe. Der Geist ist ein trennender, die Seele ein verbindender Faktor. – Aber, wie gesagt, beides sind Aktivierungen im Bereich des Bewusstseins.

Das Bewusstsein, so könnte man auch vor dem Hintergrund einiger mystischer oder spiritueller Modelle vermuten, lässt in seiner Gesamtstruktur Bottom-up- und aber auch Top-down-Bewegungen zu. Beispiel für Ersteres wäre etwa das Chakren-System des Yoga, Beispiele für Letzteres wären etwa die 10 Sefirot der Kabbala oder auch die Emanationslehre Plotins. Bottom-up steht implizit für die natürliche Entwicklung, Top-down für situative Anwendungen des Gelernten oder Internalisierten, wobei eine Anregung, ein ‚Befehl' oder Impuls auch von ganz oben, sogar aus dem Jenseits empfangen werden könnte, meist aber aus dem internen Zusammenspiel meiner natürlich-menschlichen Umwelt mit mir selbst entsteht.

Beide Bewegungen haben die sprachliche Ebene sozusagen als Schwelle in der Mitte, und der Idealfall wäre ein transparenter oder durchlässiger sprachlicher Bereich, der dieser Bewegung keine Hindernisse in den Weg stellt. Bildet die Sprache jedoch eine Art Hindernis, wird von unten her etwa der Geist wirksam, kommt es letztlich, überspitzt gesagt, zu Formen der Destruktivität, welche sich im Alltag durchaus im Rahmen halten können, also leicht oder vernachlässigbar sind. Die Sprache wird von unten her durch Akzeptanz transparent, das heißt auch, wie in der Kultur gefordert, dass sich eine Person auf ein ihr unbekanntes Kollektiv einlässt. Vollzieht sie diesen Schritt, welcher sich am leichtesten wohl mit dem Wort Dankbarkeit gegenüber den Vorfahren beschreiben lässt, verliert das unbekannte Kollektiv, das „Es", seine Bedrohlichkeit, ohne es im Einzelnen analysieren zu müssen. Es ändert sich wenig, aber der Raum über der Sprache wird dann auch für das Wachbewusstsein zugänglich oder erschließbar. Stellt die Sprache jedoch eine Art Spiegel dar, an dem die Bewegung gebrochen und umgelenkt wird, hat das Auswirkungen für alle dort befindlichen Strukturen wie das Ich, die Zeit, die Wissenschaft, Emotionen, das Geld, die Mathematik, die Musik, kollektive oder institutionelle Strukturen und persönlich auf die Existenz des Menschen. Dabei handelt es sich jedoch immer nur um Nuancen, die kaum oder gar nicht erkennbar sind, denn sonst würde sie der Verstand vielleicht zu bearbeiten, zu lösen oder zu beseitigen versuchen! Dennoch, der einzige Weg durch die Sprache hindurch ist deren Akzeptanz, auch des damit verbundenen menschlichen Kollektivs.

Teresa von Avila etwa beschreibt in „Die innere Burg" eine kontinuierliche Läuterung der sieben Kammern oder Schichten des Bewusstseins, allerdings in stark religiös geprägter, mystisch getönter Sprache. In der fünften Kammer sieht sie dann einen Schmetterling umherflattern, der mit der neu gefundenen Freiheit noch nichts Rechtes anzufangen weiß. Was meine Wenigkeit in diesem Brief versucht, ist, diesen wenig behandelten Raum über der Sprache mit Worten zu füllen, die dort vielleicht zu Recht angesiedelt werden können, und ein solches Wort wäre etwa der Zwillingsbegriff zur Seele, das Selbst. Und ironischerweise ist mir das Selbst als Entität erst im Zuge spiritueller Lektüre klar geworden, im Kontext der indischen Vedanta-Lehre, welche im zwanzigsten Jahrhundert als Advaita-Vedanta auch Eingang in die westliche Spiritualität gefunden hat. Ein Buchtitel des deutschen Indologen Heinrich Zimmer lautete etwa „Der Weg zum Selbst", Inhalt sind Gespräche mit Ramana Maharshi, einem indischen Schüler der britischen Oberschule, der sich nach einem Bewusstseinserlebnis schließlich in die Einsamkeit zurückzog und zu einer Gründungsfigur dieser Bewegung wurde. Atman, eines der zentralen Worte der Hindu-Spiritualität, lässt sich mit Selbst oder eben auch mit Seele übersetzen. – Das Selbst war mir hauptsächlich im Kontext egoistischer Hintergedanken geläufig gewesen!

Wozu brauchen wir ein Wort wie das Selbst? Naja, es repräsentiert eine ganze Schichte des Bewusstseins, welche bisher hauptsächlich … geschwiegen hat. Nehmen wir etwa die Frage: „Warum?" Im Ding- und Strukturbereich hat diese selbstverständlich ihre Berechtigung: „Warum ist das Auto stehen geblieben?" – „Weil der Tank leer ist!" Auch Menschen können Verhalten selbstverständlich rational begründen, etwa, warum ich den Zug um 14 Uhr nehme und nicht den um 16 Uhr. Aber bei ethischen Entscheidungen ist die Frage nach dem Warum schwierig. Hier müsste ich antworten: „Weil ich ein Selbst habe." Wenn eine große, komplizierte Maschine ausfällt, muss sich jemand auf die Suche nach der Ursache machen und diese dann auch beheben. Ursache hinter dem Menschen wäre letztlich die Natur. Und meine Verbindung zur Natur ist der Körper, meine natürliche Ausstattung, meine Fähigkeiten, meine natürlichen Beziehungen, mein oder das Selbst.

Objektiv betrachtet ist doch meist wichtiger, was jemand tut, und weniger, warum er das tut. In der Innenperspektive kann ich mir schon darüber Gedanken machen und die Sprache darauf abzustimmen versuchen, aber die Ethik besteht darin, Verantwortung für Tatsachen zu übernehmen. Verantwortung bedingt eine Auseinandersetzung mit der persönlichen Sprache, welche wiederum die Grundlage meiner Wirklichkeit darstellt. In der Ethik kommt es also darauf an, ehrlich zu sein zu sich selbst! – Und ist das jetzt nur Gerede? Wer oder was ist dieses Selbst? Etwa mein Ego? Und wenn es etwas anderes ist, was?

Oder wenn ich von der Sprache her ausgehe: Eine persönliche Sprache kann konsistent sein, das heißt, sie ist weitgehend widerspruchsfrei in ihrer inneren Struktur. Wäre das nicht so, wäre alles andere als eine schwarze Sonnenbrille unverantwortlich! Jetzt hat jeder Mensch aber seinen eigenen, persönlichen Zugang zur Sprache, und ich könnte etwa formulieren: Das Besondere an der Sprache ist eine Funktion des Selbst. Umgekehrt heißt das dann aber auch: Um Sprache reflektieren zu können, muss man sich selbst vertrauen, und darüber hinaus: Verantwortung bedeutet, die Sprache auf sich selbst anzuwenden. – Und das ginge wohl nicht ohne ein Selbst! Nicht das Ego macht mich verantwortlich, sondern das Selbst, die Natur. Und, streng genommen, kann ich auch nur für mich selbst Verantwortung übernehmen, außer als Elternteil für unmündige Kinder, und so fort. Unter derselben Prämisse kann ich, streng genommen, auch niemand anderen verantwortlich machen, dafür sind bei Bedarf Konventionen zuständig!

Und ich glaube, hier nähert man sich an diese zarte, sanfte, aber unglaublich stabile und wohl auch kräftige Schichte des menschlichen Bewusstseins an. Wenn die Sprache „geläutert" ist, konstituiert diese Schichte meinen Alltag, mein Leben, und das wird auch von den anderen akzeptiert, denn diese sind ja mit einbezogen! Wenn man so will, ist das Selbst der höchste Zustand innerer Harmonie, welcher sich aber direkt in der Praxis des Alltags als dessen Ablauf manifestiert. Das Selbst ist demnach immer vorhanden, es gehört zum Menschen dazu wie sein Körper, es wird aber überlagert vom Wirken des Geistes und den sich dadurch ergebenden ‚Ablagerungen'. Und leider setzt dieser Prozess schon im Babyalter an, sodass ein reines Selbst nur das Ergebnis der Anstrengungen eines Individuums sein kann, hauptsächlich wiederum in der ethischen Praxis. Die einzige ethische Entscheidung ist Ehrlichkeit zu sich selbst! Und nochmals: Entscheidungen betreffen das Handeln, den Umgang mit anderen.

Der Geist und das Selbst sind also in gewisser Hinsicht Gegenspieler, aber wir haben auch den Geist inzwischen etwas lieb gewonnen, und das zu Recht! Nur, der Geist strahlt Angst aus, besteht sozusagen in Angst, und im Zusammenhang mit dem Selbst fällt mir etwa die Emotion der Liebe ein: Liebe ist jene Emotion, die dem Selbst Verantwortung gibt. Das heißt dann, dass man jemand als Person möglichst ganz akzeptiert, und das kann man nur, und das vergisst man dabei leicht, wenn man mit sich selbst oder mit dem eigenen Selbst einigermaßen in Frieden lebt. Das Gefühl der Liebe hilft einem vielleicht dabei! Andererseits würde der Geist Angst streuen und das Selbst mit strukturellen Komponenten oder Dingeigenschaften zu überlagern versuchen.

Ich könnte hier etwa eine Behauptung in den Raum stellen wie: Die Zeit ist ein Abklatsch frühkindlicher Selbstbeobachtung. Die Zeit besteht aus vielen, zum Großteil namenlosen Komponenten, sie selbst stellt hauptsächlich die Energie zur Verfügung, welche jene in der Gegenwart wirksam macht. Und die Zeit ist wiederum der Kernbestandteil des Geistes. Es kommt also zu einer Schleife, in deren Prozess Natürliches mit Künstlichem vermischt wird, und wie gesagt, die beiden Pole bilden keine absoluten Gegensätze! Wenn das Kind aber das Selbst durch die Zeit hindurch betrachtet, hat es sozusagen bereits verschmierte Brillen auf, und es erlebt diese Praxis bereits, bevor es bewusst reflektiert – es kann also ganz sicher nichts dafür! Und es geht jedem Kind so. Der Effekt ist aber, dass im Zusammenspiel mit dem Gebrauch und dem Erlernen der Sprache andere Bewusstseinsbereiche entstehen: das Unbewusste als mehr oder weniger direkte Folge der Emotion des Geistes, das Unterbewusstsein als Ausdruck des eben nicht wahrgenommenen Selbst. Die Natur ist umfassender als die Sprache, und das sprachliche Netzwerk kann nicht alles Natürliche in sich ‚einfangen' oder behalten. – Dass der unterbewusste Anteil des Bewusstseins jedoch viel größer ist als der bewusste, zeigt spekulativ, dass die Sprache selbst naturverträglicher gestaltet werden könnte! Aber das sind wohl sehr langwierige Prozesse, welche auch nicht planmäßig gesteuert werden könnten! Mir erscheint die Sprache im Gegenteil eher wie ein Stahlgitter, das sich kaum manipulieren lässt.

Und da wir schon bei Behauptungen sind: Der Geist steht für das verhinderte Selbst eines Individuums. Das zeigt mehrere Aspekte auf. Einerseits definiert es den Geist als eine Art Zwischenexistenz, welche im Gesamtzusammenhang der Natur auch nicht ohne das Selbst existieren kann, das er aber in gewisser Weise vorgibt zu bekämpfen: Der Geist hat sozusagen niemals Abschied vom Selbst und der Existenz genommen, und könnte das auch gar nicht! Und andererseits thematisiert das einmal mehr jenes undefinierbare und lediglich akzeptierbare Moment des Kollektivs, welches über die Sprache auch Eingang ins persönliche Bewusstsein nimmt. Der innere Zusammenprall von Einzelnem und Kollektiv führt im Bereich „unterhalb" der Sprache zu Strukturen, Emotionen und etwa auch Verwerfungen, darüber aber spielt er keine Rolle, weil diese Konstellation dort als gegeben und akzeptiert vorausgesetzt wird. Nichtsdestotrotz führt die in der Sprache implizierte Dauer zu einer Manipulation des Selbst, welche sich wiederum im Schattenbereich des Unterbewusstseins niederschlagen könnte. Das Unterbewusstsein – und mir ist schon der spekulative Charakter solcher Aussagen bewusst! – bestünde dann aus einem funktionellen Teil, welcher sich sozusagen aus der menschlichen Art ergibt, und einem spezifisch persönlichen Bereich, der mit einer allfälligen Auflösung des Geistes dann wohl auch zur Disposition steht.

Etwas forsch formuliert: Das Selbst ist Natur, Bewusstsein dagegen ist Natur und Kultur. Und abgewandelt: Das Bewusstsein ist ein Versuch des Selbst, sich Dauer zu verschaffen. Richtig, hier klingt wieder einmal die Intentionalität an! Nein, Spaß beiseite, ich denke, im Kontext der vorstehenden Überlegungen kann das Selbst schon einen Status als eigenständige Entität beanspruchen, und genau genommen gibt es dieses Wort ja auch im Sprachgebrauch, aber eben selten, und nicht selten missverständlich! Im mehr philosophischen Kontext dürfte ich aber wohl formulieren: Philosophische Anthropologie ist die Suche nach dem Selbst, oder etwas persönlicher: nach sich selbst.

Wenn ich meine grob umrissene Essenz aus mehreren spirituellen Modellen früher damit begann, das Selbst schon im Zusammenhang mit dem Körper zu erwähnen, so war das also im Nachhinein betrachtet ein Fehler. Das Selbst ist nicht dasselbe wie die Natur, aber andererseits unterscheidet es nichts von der Natur! Man braucht ein Selbst nur, weil es eine menschliche Sprache gibt, und dann ist es allerdings ein sozusagen von vornherein reservierter Bereich des Bewusstseins. Und es ist die verlässlichste Schicht des Bewusstseins, wird aber kaum jemals in reinem Zustand wahrgenommen.

Um es nochmals von der Sprache her zu versuchen: das Wort „Bedeutung". Im Kontext objektiver Sprachbetrachtung könnte man feststellen: Bedeutung meint letztlich die Zentrierung des Ichs im Selbst durch sich selbst. Das Ich bezeichnet die Sprachgebundenheit einer Person und damit zugleich ein unlösbares Rätsel. Die Person versucht jedoch, und das ist wohl auch Teil des Spracherwerbs, die wahrgenommenen, objektiven Entitäten in irgendeiner Form in Verbindung zur eigenen Natur zu bringen, sozusagen dabei auch etwas zu spüren. Und das ist dann auch mit dem Terminus Bedeutung gemeint. Lange bevor ein Kleinkind zu reflektieren beginnt, setzt es das Wort Bedeutung bereits in die Praxis um! Und es kann das, weil im Bewusstsein ein Bereich vorhanden ist, der als Referenz dafür zur Verfügung steht, nämlich das Selbst. Das Selbst bildet also eine Art sprachlichen Sockel des Bewusstseins, der unmittelbar auf die Natur aufsetzt und sich selbst noch nicht sprachlich artikuliert.

Vielleicht darf ich in den Kontext eine etwas eigenbrötlerische Sichtweise des Ausdrucks Intelligenz einfügen, welche sich jedoch aus der Sprachbetrachtung ergibt: Intelligenz setzt Bewusstseinsobjekte zum Selbst in Beziehung. Genauso gilt dann aber auch: Intelligenz zentriert gegebene Objekte in der Natur, oder: Intelligenz führt vorhandene Objekte in das Nichts zurück. Intelligenz wäre also eine Qualität der Wahrnehmung und vor allem deren interner Verarbeitung, die dann wiederum auch Auswirkung auf einen allfälligen Output haben kann. Der Terminus zeigt aber auch die engen Verbindungen von Selbst, Nichts und Natur auf, und dabei geht es eher um den handfesten Praxisbezug als um Skalierung! „Intelligere" heißt ja "verstehen" und setzt objektive Realitäten in Beziehung zu einer internen Instanz, welcher dann wohl auch Reliabilität zukommen sollte. Und wir dürften, ganz ohne in mythisch-spirituelle Sphären aufzusteigen, aber immer noch mit einem Schuss Spekulation diese Instanz als Selbst bezeichnen! Und für die Intelligenz gälte dann wohl entgegen ihrem Image: je einfacher oder natürlicher, umso effektiver! – Ich habe auch schon mal gehört, ich glaube aus dem Bereich der Neuropsychologie, wenn jemand etwas sehr gut beherrscht, also sozusagen Spitzensportler auf irgendeinem Gebiet ist, dann ist die Anzahl der beteiligten Nervenbündel bei der Ausübung dieser Tätigkeit gering und gewährleistet somit einen effektiven Ablauf. Aber diese Einfachheit muss erst durch lange und intensive Übung erworben werden! Assoziative Verästelungen würden den Ablauf also eher behindern, und Übung führt dann sozusagen dazu, die notwendigen Kernbereiche zu erkennen, mit anderen Worten, die Abläufe naturnäher zu gestalten. Aber ich kann mich hier selbstverständlich nicht als Neurofachwissenschaftler profilieren! Und da es wahrscheinlich interpersonell eine breite Variabilität gibt, sind Skalierungen wiederum sinnvoll! Blablabla, manchmal möchte man im Boden versinken!

Die Natur ist wortlos, das Selbst ist wortlos, aber es stellt die Grundlage für, den Bezug zur persönlichen Sprache her. Wenn eine Person also ein gesundes Verhältnis zur eigenen Natur hat und dieser dann auch noch vertraut, kann sie phasenweise den Schwerpunkt vom Ich auf das Selbst hin verlagern, ist also dann „ganz" bei sich, vielleicht in einer ruhigeren Ecke, oder so. Intuition käme dann etwa vielleicht auch ins Spiel, und natürlich müsste man dabei aufpassen, nicht das Ego mit dem Selbst zu verwechseln! Und kontraintuitiv hätte das dann in der Praxis den Effekt, dass sich die Beziehungen zu den anderen Menschen verbessern könnten, weil aufseiten dieser Person innere Hindernisse wegfielen, welche sich aus nuancenartig anders aufgefassten Bedeutungen ergeben. Dann lässt sich auch behaupten: Das Selbst ist die natürlichen Beziehungen zu den anderen. Umgekehrt impliziert das aber auch, dass das Selbst nicht von außen durch Einflussnahme geformt werden kann, sondern sich in der persönlichen Auseinandersetzung eines Menschen mit der Sprache mit herausbildet. Und es entzieht sich in der konkreten Ausprägung sogar der Repräsentanz durch den Verstand. Es kann nicht gedacht werden, es kommt streng genommen nur im Handeln, im jeweils zeitlich gefassten Prozess der Natur zum Ausdruck. Und im Alltag bildet es dann sozusagen die natürliche Struktur des menschlichen oder persönlichen Verhaltens. Und die Natur ist frei in einem Ausmaß, welches das Menschliche übersteigt, und lässt sich auch nicht von Konventionen bezwingen! Dass das intersubjektive Verhalten dann aber nicht arbiträr-beliebig ablaufen kann, dafür sorgt paradoxerweise schon die Konvention Sprache!

Das Selbst kommt demnach in einem Zusammenspiel von Natur und Kultur zustande. Und seine Wurzeln reichen dann logischerweise bis zur Entstehung des Alls zurück! Ich würde mir ja auch die Freiheit nehmen, das griechische Wort Kosmos (Ordnung) in den Kontext der Sprache zu beziehen! Die Sprache bezieht dann auch real-strukturell die Vergangenheit mit ein, und das konkret bei jeder einzelnen Person. Und zugleich kommt damit eine Leichtigkeit oder Luftigkeit des Selbst zum Ausdruck, welche schon an ein Vakuum grenzt! Um diesen Gedanken philosophisch-spekulativ zu überfrachten: Die eigentliche Bedeutung eines jeden Menschen ist das Nichts.

Wird das Selbst aber dann bei einer Person durchscheinend, nachdem deren seelisch-geistige Aktivierung erloschen ist, dann wird in gewissem Maß auch deren Zukunft transparent, denn dann – so könnte man logisch schließen – kommt der gemeinsame sprachliche Anteil der relevanten Umgebung bis hin zum unbekannten Sprachkollektiv ungehinderter zum Ausdruck als zuvor. Das Selbst ist demnach ganz allgemein die Einbeziehung eines Menschen in seine Zukunft, und umgekehrt bedeutet das, ein Mensch kann im Meer der Sprache Sicherheit finden, wenn er sich am Selbst orientiert.

Aufgabe des Menschen ist es also, die Sprache verstehen zu lernen! Ich drücke das mit Absicht so tollpatschig aus, weil es eben die beiden Inhaltsbereiche der Sprache reflektiert: In der Auseinandersetzung mit der realen, objektiven Welt wird der Sprachgebrauch erlernt, im Bereich „oberhalb" der Sprache findet dann eine Auseinandersetzung etwa mit Bezugspersonen und auch mit mir selbst statt, die den Dingcharakter der Sprache zum Teil transformiert, der Sprache selbst teilweise andere Bedeutung verleiht. Die Sprache transportiert in jedem Fall die Vergangenheit, aber es ist etwas anderes, ob es etwa um die Beschreibung eines Objekts oder um die Spuren eines Ereignisses geht, das die Familie oder mich psychisch belastet!

Die Sprache bekommt also oberhalb ihres angestammten Bereichs zumindest zum Teil eine andere Qualität, und wir haben gesehen, dass dort auch Entitäten existieren, welche sich nicht so einfach beschreiben lassen wie ein vorhandenes Objekt: das Bewusstsein etwa, Ethik, und von der Seele ganz zu schweigen! Wahrnehmung wurde bereits erwähnt als eine zunächst vorsprachliche Qualität der Aufnahme, und deren Pendant auf der Ausgangsseite wäre dann sozusagen die Wirklichkeit. Man hat es also mit Bedeutungskörpern zu tun, welche sich einer sprachlichen Strukturierung entziehen, das gilt noch mehr für das Selbst und wie gesagt auch für das Bewusstsein. Dieses entsteht mit dem Erlernen der Sprache, aber seine Strukturen sind nicht objektiv erfassbar, weil sie, und auch das kann man streng genommen nur annehmen, bei jedem Menschen, bei jeder Person zumindest geringfügig anders ausgeprägt sind. Wenn also etwas „alien", fremdartig ist, dann die Entitäten oberhalb der Sprachschichte, und doch kann kein Mensch, keine Person ohne diese existieren!

Ich könnte auch versuchen, mich dem, was ich hier eigentlich ausdrücken will, über den Zeitfaktor anzunähern. Worte können ein Ding der objektiven Realität bis ins Detail hinein beschreiben, zwar meist von der Oberfläche her, aber die Physik erlaubt eine Darstellung der Strukturen bis in den Atombereich hinein. Objektive Darstellungen müssen dauerhaft sein, denn sonst sind sie nicht gültig. Und nur zur Ergänzung: Wenn ich mit Dingstrukturen „hantiere", bin ich ein Subjekt, also auch in gewissem Sinn dauerhaft, was ja dann schon wieder brisant wird und rückwirkend das Wort „Subjekt" ein Stück weit in Frage zu stellen geeignet ist! Wenn ich jedoch als Individuum eine Entscheidung treffe, handle, dann geht es weniger um Zeitdauer, sondern um ein möglichst genaues Treffen der gegenwärtigen Zeit in möglichst vollem Ausmaß. Die Auswirkungen der Entscheidung können dann unter Umständen länger vorhalten, aber die Qualität hängt von der eigenen Präsenz in der Gegenwart ab, denn diese impliziert ja auch die Vergangenheit bis dahin. Und ich mag mit meinen Gedanken unter Umständen ganz woanders sein und dennoch intuitiv die Gegenwart treffen!

Was ich hier so kryptisch zu umkreisen versuche, ist die Wirklichkeit. Das Wort existiert so unschuldig vor sich hin, hat es aber sozusagen faustdick hinter den Ohren. Und es unterscheidet sich im Kontext von der Realität als objektiver Dingbeschreibung. Wie das Bewusstsein ist auch die Wirklichkeit strukturell nicht fassbar, das Bewusstsein dient jedoch mehr der Repräsentation, inkludiert oder verwendet auch die Speicherung durch das Gedächtnis; die Wirklichkeit ist sozusagen eine vorsprachliche Schablone für das eigene Handeln und inkludiert somit ebenso das Gedächtnis. Und das Wort Wirklichkeit treibt das Paradox schon einigermaßen auf die Spitze: Es bedeutet die sprachliche Grundlage, die sprachlichen Strukturierungen des eigenen Handelns, aber es handelt selbst noch nicht mit Worten, oder besser, die Worte stellen die oberste Schichte, die Glasur oder den Lack der Wirklichkeit dar. Wie bei allen anderen Entitäten „oberhalb" der Sprachschichte geht es auch bei der Wirklichkeit darum, Dingeigenschaften wiederum auf die eigene Natur zu beziehen, und dabei hilft einem dann auch das sprachliche Zusammenspiel mit anderen Menschen. Kollektive Inhalte werden von einer Person in Beziehung zu ihrer eigenen Natur gesetzt und sozusagen als Kontrollinstrument dient auch die Kommunikation mit anderen Menschen.

Oder, um noch einmal Bottom-up- und Top-down-Bewegungen ins Spiel zu bringen, der Sprache eignet wohl eher eine Top-down-Bewegung, auch wenn deren Anfänge oder Ursprünge zum Teil im Dunkeln liegen. Die Sprache wird akustisch aufgenommen und von den Ohren ist es sozusagen nicht weit zum Gehirn. Währenddessen entwickelt sich aber der Körper, und das wäre wieder eher ein Bottom-up-Prozess. Ich persönlich, aber das zählt hier nicht so viel, halte die Sprache zunächst fast für das intimere, in irgendeiner Art innerlichere Medium, ruhig, verborgen, und nicht alle sprachlichen Ausdrücke bezeichnen objektiv fassbare Gegenstände. Andererseits, und das ist sozusagen genau gleich real, liefern diese Gegenstände das

Anschauungsmaterial für die Worte. Was ich damit meine: Es finden innerlich öfter Bottom-up- und Top-down-Prozesse statt, um die Bedeutungen einigermaßen transparent zu machen. Und dann kommt möglicherweise noch dazu, dass innerhalb der Familie vergangene Ereignisse in nuancenartiger Weise transportiert werden, ohne vielleicht artikuliert zu werden, und das schafft dann wiederum einen eigenen Bereich, der nicht so transparent ist und dennoch Auswirkungen auf den Sprachgebrauch und vielleicht sogar auf das Verhalten einer Person hat.

Und hier bekommt auch das Wort „wahr" seine handfeste Bedeutung. Wahr ist demnach, was ein Kind erlebt, wahrgenommen, angefasst und so weiter hat, wenn es dafür auch noch geeignete sprachliche Ausdrücke findet. So entsteht die Sprache einer Person, so erlernen wir sie, Wahrheit sozusagen immer impliziert! Und die Wirklichkeit wäre dann eine Umleitung dieses Versuchs, geeignete Ausdrücke zu finden, auf den Bereich des eigenen Handelns. Wahrheit und Wirklichkeit sind demnach vom Inhalt her bezogene, das heißt relative Begriffe und so etwas wie eine absolute Wahrheit wäre folglich mit mindestens drei Fragezeichen zu versehen! Das schlägt sich aber andererseits nicht mit einem Glauben, mit der Religion! Diese hilft, im Gegenteil, sich zu orientieren, was wiederum von der jeweiligen Person abhängt, und sie stellt auch zumindest ein wenig die Weichen in Richtung einer nachvollziehbaren oder unter Umständen gar nachhaltigen Ethik. Gefragt ist dabei aber immer die Person, der Mensch, der Gläubige, und so fort. Ich muss mich einerseits nicht der Sprache, einer wie immer gearteten Sprache unterwerfen, ich darf anderen Sprechern, Sprechenden auch ein gutes Stück weit vertrauen, aber ich muss mich unter Umstanden selbst mit einzelnen Bedeutungen auseinandersetzen! Auch für mich bleibt also ein Stück Arbeit übrig, und „arbeiten" kann ich im Zusammenhang mit der Sprache beschreiben als „in Kontakt Sein", wobei als sprachlicher Kontakt auch schon ein Buch gilt.

Um mich selbst zu vergewissern, noch einmal kurz von vorne! Ein Kleinkind unterscheidet selbstverständlich noch nicht zwischen Verhalten und Handeln, für es ist alles ähnlich neu. Und ein Erwachsener, so könnte ich leicht polemisch anmerken, unterscheidet dann nicht zwischen Realität und Wirklichkeit, aber wohl einfach deshalb, weil das umgangssprachlich gar nicht üblich ist! Aber zurück: Wahrheit und dann auch die Wirklichkeit helfen einem Kind bereits beim Erlernen und vom frühesten Gebrauch der Sprache an. Die Sprache wieder durchdringt das Bewusstsein. Über die dunklen Körper der Wahrheit und der Wirklichkeit ist das Bewusstsein sozusagen an der Natur befestigt!

Was im Kontext bisher ein wenig ausgeblendet wurde: Die Sprache ist der Schnittpunkt von Persönlichem und Allgemeinem. Das Persönliche ergibt sich aus dem Selbst, der Natur und natürlich dem relevanten persönlichen Umfeld, das Allgemeine ergibt sich aus den Dingbeschreibungen, oder umgekehrt: Das Allgemeine der Sprache lässt sich nur auf Dinge anwenden. Menschen sind aber keine Dinge, zumindest verstehen sie sich meist nur ungern so, und so müsste also ein Kompromiss gefunden werden zwischen der Gültigkeit der Sprache und meiner Würde, ein Individuum zu sein. Und diesen Kompromiss kann nur ich selber in mir selber herstellen, und das hat wiederum mit den Termini Wahrheit und Wirklichkeit zu tun. Ich kann ehrlich sein, zumindest zu mir selbst, ich kann verantwortlich sein, und das alles unter Verwendung einer gültigen Sprache, aber das erfordert eben auch ein klein wenig Reflexion, Arbeit. Und dass eine Religion dabei eher förderlich als hinderlich sein kann, muss wohl nicht eigens betont werden! – Und dennoch darf ich mit meinem völlig unphilosophischen Sturschädel behaupten: Allgemeine Aussagen können nur richtig, aber nicht wahr sein. Wieder so eine Unterscheidung, die weder praktisch berücksichtigt wird noch auch nur nötig ist! Ich bestehe ja auch nicht auf dem Unterschied, ich möchte damit nur andeuten, dass es ein wesentliches Merkmal der Wahrheit ist, dass eine Person sie erlebt hat, und das muss bei allgemeinen Aussagen nicht der Fall sein! Mit derselben Allergie-Philosophie: Wahrheit ist die Vergangenheit einer subjektiven Wirklichkeit.

Aufbauend auf dem Gesagten darf ich etwa auch formulieren: Verantwortung übernehmen bedeutet, ehrlich zu sich zu sein. Und Ehrlichkeit wieder ist das Bestreben, Sprache und Wirklichkeit zu vereinen. Die Wirklichkeit wiederum ist eine Sache des Outputs, womit sich auch ein zeitliches Problem ergibt zwischen der Reflexion, die sich auf die Vergangenheit bezieht, und den gerade akuten Erfordernissen, welche die Wirklichkeit auf den Prüfstand stellen. Sprache und Wirklichkeit zu vereinen kann also nur durch ein Zulassen der Natur im Rahmen der konkreten Situation gelingen, und soll das nach vielem Üben sozusagen ein für allemal geschehen, werden auch die emotionalen Grundlagen der Sprache mit einbezogen. Verantwortlichkeit ist dann, so gesehen, der höchste mögliche Energieaufwand, und aus anderer Perspektive ist das Streben nach Wahrheit, der Anspruch, wahre Aussagen zu machen, der am tiefsten greifende. – Wer hätte das gedacht: Wenn man den Ablauf des Spracherwerbs konsequent fortsetzt, kommt man irgendwann von selbst wieder zur Natur zurück! Es erfordert nur ein klein wenig Mut beim Übergang von der Allgemeinheit der Sprache zu sich selbst! Und dieser Mut wiederum kann nur aus einem Vertrauen in die Natur stammen. Es käme dann also zu einer

Doppelbindung im positiven Sinn, und man kann dabei nichts verlieren, denn die Natur umschließt und durchdringt einen ohnedies!

Die Realität, die Objektivität lässt sich mehr oder weniger treffend mit Worten beschreiben, die Wirklichkeit dagegen entzieht sich der Erfassung durch die Sprache. Man kann aber fühlen, dass da etwas existiert, aber es gibt nicht einmal feste Grenzen, die dieses ‚Ding' auszeichnen. Das Selbst ist Natur oder die erste Abstraktion davon in Richtung Sprache hin inklusive der sich dabei bildenden Strukturen. Die Wirklichkeit würde dann – Spekulation! – darauf aufsitzen, noch dazu ausgerichtet auf das eigene Verhalten, später Handeln. Die Wirklichkeit bildet den Grundstock des Handelns, aber nur deren oberste Kruste besteht in Worten. Will man Sprache und Wirklichkeit vereinen, kann das also nicht der Verstand bewältigen, sondern es funktioniert nur im Zuge des Handelns selbst, der Aktualität. Wahrheit als Ansatz zur sprachlichen Äußerung der Wirklichkeit stellt umgekehrt wiederum Anforderungen an die Wirklichkeit, einen möglichst naturkonformen Output zu generieren; die beiden Begriffe fordern einander also gegenseitig heraus. Etwas platt formuliert: Wahrheit, der Anspruch, für andere verständlich zu sprechen, verlangt von der Wirklichkeit eine fortschreitende Annäherung an die Natur, was diese wiederum ganz schön ins Schwitzen bringt, denn die Sprache ist eine gegebene Größe. Letztlich kommt dabei dann also die Sehnsucht zum Ausdruck, das Unnatürliche der Sprache auf irgendeine Weise zu entkräften, mit einem mehr philosophischen Terminus im Zusammenhang: das Unbewusste aufzulösen.

Die Wirklichkeit hat natürliche und künstliche Anteile, sie ist auf das Handeln bezogene, natürliche Realität. Wahrheit könnte ich begrifflich überhöhen als individuellen Bezug zum kosmischen Wirklichkeit, was nichts anderes heißt, als dass das Selbst noch irgendwo als Instanz dazwischensteht. Somit ist Wahrheit auch die Übereinstimmung eines Menschen mit der Selbststruktur. Die Seele etwa wäre die Wahrnehmung dieser Tatsache, und das erfordert viel Energie. Auf die Spitze getrieben führt das Zusammenspiel der beiden Termini Wahrheit und Wirklichkeit zur Erkenntnis des Nichts, was dann nichts weiter bedeutet als die Wiederherstellung des ursprünglichen Naturzustands des Bewusstseins. Aber genug der Fantasterei für heute!

Herzliche Grüße,

Erich Maier

28. Mai 2020

Liebe Mikaela,

nachdem im letzten Brief ein ganzer Bereich Thema war, möchte ich jetzt dazu übergehen, einzelne Worte, Begriffe darzustellen zu versuchen, und der erste, den ich mir dafür ausgesucht habe, ist das Wort „ich". Mir selbst geht es zurzeit übrigens etwas bescheiden, wir haben ziemlich kühles Wetter für Ende Mai, was aber angesichts der Klimaänderung vielleicht ohnedies eine ganz willkommene Abwechslung ist! Und dann die Corona-Geschichte: Wer weiß, ob die Pandemie einmal ganz abklingt und wie es die nächsten Jahre weitergehen wird? Privat bin ich deshalb innerlich ein wenig auf Tauchstation, und das erinnert mich gerade wieder an das Ich! Mikaela, verzeih, dass ich Dir nichts Positiveres anzubieten habe, aber ich hoffe, Dir geht es gut!

Und da dieses kurze Wort ein ziemlich schwieriger Begriff ist, werde ich den Esel von hinten aufzäumen: Nur ein Ich, das zu einem Niemand geworden ist, schadet nicht mehr. Was das heißt? Naja, es hat offenkundig eine moralische oder ethische Implikation, aber negativ formuliert. Und „niemand" bedeutet wohl nicht, dass der Mensch verschwunden ist, weggezaubert wurde, sondern bezieht sich auf den Ausdruck ich. Der Satz würde also behaupten, dass ein Ich in seiner Reinform ein Niemand ist. Wie kommt man dazu?

Naja, wenn ich ein wenig flapsig in meine Fantasiewelt abgleite, erinnere ich mich an eine Phase in der Kindheit, in der ich mich vor Kraken fürchtete. Jetzt leben wir mitten im Binnenland, und dennoch hielt ich vielleicht einmal am Abend unter dem Bett Nachschau, ob sich dort nicht so ein furchterregendes Tier befand. Und mehr noch, manchmal hatte ich den Eindruck, so ein Krake befände sich mitten in meinem Bauch, und ich fürchtete mich trotzdem! Reine Vorstellung, wahrscheinlich hatte ich irgendwo ein Foto gesehen oder einen kurzen Film, die Saugnäpfe, die sehr beweglichen Fangarme, das tiefe, dunkle Wasser, ich weiß nicht, sind es sechs oder acht Arme? Selbst als Vorstellung oder Fantasie war der Gedanke daran unangenehm oder auch furchteinflößend, und ich wusste nicht, weshalb sich so ein Ding in meinem Bauch befand! Mit der Zeit verzog sich die Fantasie von alleine und stellte kein Problem mehr dar.

Darf ich jetzt das Ich mit einem Kraken vergleichen oder identifizieren? Naja, versuchsweise ist ja beinahe alles erlaubt! Aber wie komme ich überhaupt dazu? Ich kann jetzt das Ich nicht in einem

Satz charakterisieren, es hat sozusagen eine sprachgegebene Funktion im Bewusstsein und es stellt vielfältige Beziehungen zu anderen wichtigen Begriffen her wie etwa der Welt, dem Willen, der Zeit, zu den anderen, der Sprache, dem Selbst und so fort. Und es wird überladen, im Alltag mit Bedeutungen aufgeladen, die es nicht hat und auch nicht erfüllen kann. Das Ich wird unter Umständen verantwortlich gemacht für etwas, und dann muss sich die Person erst bemühen, die sprachlichen Verbindungen des Ichs, so gut es geht, nachzuvollziehen oder auch zu analysieren, damit sie erst entscheiden kann, inwiefern sie als Person verantwortlich ist oder nicht. Dem Ich wird also allzu leicht ein Wille unterstellt, der streng genommen jeweils eine eigene Entität darstellt und gar nicht aus dem Ich resultiert, aber die Ergebnisse des Ichs in seine Impulse mit einbeziehen kann. Ein Tintenfisch ist meist kein gefährliches Tier, und ähnliches gilt wohl auch für das Ich, aber dann gibt es ja angeblich auch noch Riesenkalmare ...

Ich denke, am einfachsten nähert man sich dem Ich von der Sprache an. Es ist eine Sprachfunktion, die objektiv nachvollziehbar ist und von der Person, vom Subjekt ausgeübt wird. Und hier würde man übrigens auch auf das Sein treffen, eben den Sprachvollzug einer Person: „Ich bin" ist streng genommen nur eine Formel dafür, dass die Sprache zur Anwendung kommt, aber durch einen oder vonseiten eines spezifischen Sprechers. Und das funktioniert selbstverständlich auch ‚innerlich', im Denken. Geht man noch einmal zum Bereich oberhalb der Sprache, zum Bewusstsein oder zum Individuum, dann ließe sich vielleicht die Beziehung herstellen: Das Ich ist der Existenzoperator des Individuums. Ich als Individuum, und das ist ein Gefühl, eine Intuition, aber auch eine Art innerer Überzeugung, bin sozusagen sprachlich mit der Welt verbunden über das Ich. Das Ich sagt mir, was es so gibt in der Welt, auch, was für mich relevant sein könnte. Es ist also ein objektiver Funktionsträger, welcher beim Nächsten auch vorhanden ist, aber bei ihm vielleicht andere spezifische Anhaftungen aufweist, eine andere Geschichte repräsentiert und so weiter.

Nun braucht man über ein vorhandenes, theoretisches Werkzeug nicht lange zu philosophieren, ich mache mir ja auch keine Gedanken etwa über die Hessesche Normalform in der Mathematik, ich akzeptiere sie einfach und verwende sie, wenn das erforderlich ist. Beim Ich ist das aber doch ein wenig anders, denn es kommt noch das Unbewusste dazu, welches es vom Kollektiv der Sprache her übernimmt. Hier ist das Ich beinahe ein Opfer, denn das Unbewusste begleitet es seit seiner Entstehung, seit dem Gebrauch durch diese Person. Das Unbewusste wiederum bedeutet eine Art massierten irrationalen Faktor, der sich einfach aus der Summe der Abweichungen der Worte von den bezeichneten Objekten ergibt, summierte Ungenauigkeit, und dafür verwenden wir Menschen mitunter auch das Wort Lüge, also summierte „Lüge". Und da Lügen auch etwas Irrationales anhaftet, stellt das gesamte Unbewusste einen irrationalen und damit auch ein wenig unberechenbaren Faktor dar, und leider bleibt es auch unbewusst, weil es als jeder Person „aufgedrücktes" kulturelles Erbe die Kapazität jeder einzelnen Person sprengt, der Sache rational auf den Grund zu gehen. Inhaltlich bestünde das Unbewusste seltsamerweise hauptsächlich aus Emotionen, die sich auf das Kulturgut Sprache beziehen, die kollektive Errungenschaft Sprache begleiten, und der Einzelne nimmt sie auf seine Art beim Spracherwerb auf, versieht sie aber wohl bald mit dem Etikett „kollektiv" und verliert sie möglicherweise ein wenig aus den Augen. Doch dann plagen sie ihn unter Umständen ein Leben lang aus dem einzigen Grund, weil ein Kollektiv dafür zuständig wäre, das nicht dafür zuständig gemacht werden kann! Um die beiden Hauptemotionen auch noch zu benennen: Stolz auf die Errungenschaft der Sprache, welche mithin auch eine Beherrschung der Natur ermöglicht, und andererseits auch ein damit verbundenes Unbehagen, eine Ahnung einer Angst, welche sich vor möglichen Konsequenzen in der Zukunft fürchtet.

Mikaela, ich würde gerne noch ein Rezept liefern, wie man das Unbewusste beseitigen oder auflösen kann! Doch ist es über das objektiv nachvollziehbare Ich mit dem Subjekt einer jeweils einzigartigen Person verbunden, und somit lassen sich keine allgemeinen Regeln erstellen. Dass eine Person im Fluss der Natur aufgehen kann, ist wohl eine Tatsache, und dann würde das Unbewusste einfach keine Rolle mehr spielen, das Kulturgut Sprache aber selbstverständlich weiter bestehen. Das Ich als angesammeltes Unbewusstes ist jedoch in dieser Hinsicht beinahe identisch mit dem Sein als persönlichem Sprachbehälter. Das Sein wiederum bezieht in der Praxis auch den Geist mit ein. Die Auflösung des Unbewussten würde zugleich auch eine Auflösung des Geistes bedingen, und dann fühlt sich die Sprache vielleicht kurzfristig etwas ungewöhnlich an!

Um die eingangs formulierte Herausforderung hier nochmals aufzunehmen, das Ich in seiner Reinform als Niemand: Vielleicht ist gerade das Unbewusste ein Indikator für die Problematik des Auslagerns von Verantwortung in diversen Formen insofern, als nach dessen Auflösung das Ich als reiner Funktionsträger zurückbleibt. Die Person, das Individuum hat demnach viel mehr Kompetenzen als von vornherein angenommen, jetzt nicht auf diversen Fachgebieten, aber was das eigene Leben, die relevanten Entscheidungen betrifft, und sie könnte sich dann andererseits aber auch nicht mehr so einfach auf kollektive Bedingungen ausreden, wenn sie einmal in die falsche Richtung läuft oder ähnliches; wieder andererseits hätten andere aber dann auch weniger die Kompetenz, ebendieses zu beurteilen!

Und damit bin ich auch schon etwas flapsig beim zweiten Punkt zu diesem Begriff angekommen: das Ich und sein Verhältnis zu den anderen. Ein wenig spekulativ könnte ich formulieren: Der Gedanke an das Ich entsteht nach der Wahrnehmung anderer. Eigentlich eine alltägliche Erkenntnis. Man wird auf etwas aufmerksam und setzt sich selbst in der Folge in Beziehung dazu. Und im Falle des Ichs funktioniert das hauptsächlich über die Sprache; der Rezipient nimmt aber nicht nur die gesprochene Sprache, sondern auch den Hintergrund, etwa die Person des anderen wahr. Geäußerte Worte umfassen viel mehr als das Wort selbst. Und im Rückbezug bildet sich um das Ich ein ganzer Halo, welcher zum größten Teil unterbewusst bleibt. Aber mehr noch, das Ich gewöhnt sich sozusagen allmählich an, sich selbst in der Reaktion auf andere zu verstehen, und so wird diese Interrelation mit der Zeit zum zentralen Faktor, wenn nicht zum wichtigsten Strukturmerkmal des Ichs. Das Ich, das wie kein anderes Wort meine eigene Person bezeichnet, ist derart „massiv" mit anderen verbunden, dass ich manchmal kaum noch unterscheiden kann, ob das Schwergewicht jetzt bei den anderen liegt oder bei mir selbst!

Rein technisch lässt sich das einfach verstehen, denn es geht ja in erster Linie um die Sprache. Wenn es ein Ich gibt, gibt es auch ein Du, Er, Sie und so weiter. Ich bin ein Sprecher, der andere auch. Und Verstehen bezeichnet nicht nur den akustischen Vorgang, sondern eben auch eine Tätigkeit des Sich-in-Beziehung-Setzens zu anderen. Aber hier liegt dann wohl auch der Hase im Pfeffer: Das Sich-in-Beziehung-zu-anderen-Setzen ist Illusion, und andererseits haftet dem

Verstehen auch ein leichter Zwang an im Sinne von ,verstehen müssen' sowohl meinerseits als auch vornehmlich von außen, von den anderen her. Ich kann, und das ist wohl logisch einsichtig, einen anderen nicht so vollständig verstehen, wie das die Sprache eigentlich verlangen würde. Alle verwenden dieselben Worte, aber nicht bei allen haben sie dieselbe Bedeutung! Und ein Stück weit, darf ich wohl behaupten, ist das Ich eine unverantwortliche Übernahme der anderen, oder diese könnte nur unter der Prämisse passieren, dass das Verständnis des anderen etwas offen lässt – was in der Praxis wohl meist den Großteil umfasst!

Mikaela, was ich hier mache, ist ein Hantieren mit Wahrscheinlichkeiten der gesprochenen Sprache! Das heißt letztlich, ich muss meinem Unterbewussten vertrauen (können), noch dazu auf einem Gebiet, das inhaltlich genauso gut in den Bereich der Psychologie gehört. Manchmal habe ich beinahe den Eindruck, ein wichtiger Unterschied zwischen Philosophie und Psychologie besteht darin, dass ein Philosoph sozusagen beinahe solipsistisch arbeitet, ein Psychologe aber ein Sample an Versuchspersonen braucht, um seine Hypothesen nachweisen zu können. Inhaltlich überschneiden sich die Gebiete jedoch mitunter in einer Art, dass einem Philosophen vielleicht der Angstschweiß abtropft, wenn er sich allzu weit vorwagt. Und ich persönlich bin mir alles andere als sicher, ob ich mich als Philosophen bezeichnen darf! Aber das ist ja auch nicht der wesentliche Punkt bei dieser Abhandlung!

Das Ich hat also eine Bezogenheit auf andere, dass der Person unter Umständen schwindelig wird, und man weiß dann auch nicht so genau, wo man eigentlich anfangen soll. Auf den ersten Blick erscheint das Ich gewissermaßen als ein Punkt. Vor dem Hintergrund der Sprache wäre das Ich ein Abstraktionspunkt über der Ebene der

Welt, sozusagen ein Beobachtungspunkt, in dem Kollektiv und Person aufeinandertreffen. Auf seine Funktion im Bewusstsein bezogen: Das Ich ist der ständig wechselnde Beleuchtungspunkt des Bewusstseins. Und noch ein Punkt: Das Ich bildet den Nullpunkt des Koordinatensystems Denken.

Hier tauchen also mehrere funktionelle Relationen zu anderen Begriffen oder inneren Gebieten auf, und das Ich vereint alle diese Funktionen in sich. Etwas Beobachten wird wohl eher als passiver Vorgang verstanden, etwas Beleuchten eher als aktiv, ‚einen Nullpunkt bilden' wäre wohl eher neutral. Das Ich kann also ganz offensichtlich mehr als andere Funktionsträger, aber es kann das umso besser, je weniger es von Absichten, unterbewussten Verzerrungen, falschen Überzeugungen der eigenen Person behindert wird. Und das hat an sich nicht viel mit Ethik zu tun, sondern wäre etwa vergleichbar mit einer Maschine, die auch umso besser funktioniert, je weniger verschmutzt sie ist, oder ähnliches. Das Ich hat etwas Maschinenartiges, und das kommt, wie gesagt, vom Kollektiv her, vom Kollektiv der Sprache. Und es funktioniert umso besser, je weniger es von der Person an sich hat, die es verwendet, aber dafür ist wiederum die Person zuständig! Das Ich könnte man also mit guten Gründen mit Etiketten bewerfen wie „paradox", „verrückt", oder sogar „dumm". Das Ich als Funktionsträger ist wohl die dümmste Erfindung der Menschen, aber es ist auch ein unglaublich fein abgestimmtes, internes Instrument.

Um noch einmal den Punkt der Bezogenheit zu beleuchten: Das Ich versucht also, das Verständnis anderer irgendwie dauerhaft zu machen, und in puncto Dauer hilft ihm die Struktur der Sprache, welche ja Dauer impliziert. Dabei weiß das Ich aber: ‚Die anderen sind mehr als ich', und es vermutet vielleicht, dass dieses ‚mehr' dann irgendwann mit dem Kollektiv der Sprache verschmilzt. Es hat also gute Gründe, sich über die Sprache an anderen zu orientieren respektive im dialektischen Prozess zu Strukturen der Sprachverwendung zu finden, welche dann wiederum auf die Wirklichkeit der Person Einfluss nehmen oder diese gar zu strukturieren helfen. Aber dieser Prozess ist in der Praxis wohl alles andere als einfach, weil sich nicht so leicht ein Destillat aus vielen Personen erstellen lässt! Dafür gibt es dann aber die Kultur, den umgangssprachlichen Gebrauch der Sprache und so fort, aber das ist eben nur die halbe Miete! Ganz beiläufig findet jede Person eine Lösung für sich und die kann sie dann weiter abstimmen in Richtung Gemeinschaftsverträglichkeit, was dann allerdings auch schon eine ethische Komponente beinhaltet. Und die Maxime wäre dann, mangels positiver Alternative negativ formuliert, Schaden zu vermeiden.

Beim zerstreuten Durchlesen meines Geschreibsels ist mir aufgefallen, das Wort „dumm" verwendet zu haben. Im Allgemeinen vermeide ich destruktive Ausdrücke meist, weil sie nicht viel weiterhelfen, aber ich habe auch schon das Wort „verrückt" im Kontext kurz zu erklären versucht. ‚Dumm' geht aber noch ein Stück weiter und könnte unter Umständen auch als persönliche Beleidigung aufgefasst werden, obwohl es ja viel deutlichere Schimpfworte gibt! Dennoch fühle ich mich bemüßigt, zumindest ein, zwei Gründe anzuführen, wie sich so ein Wort in diesen Text herein verirren konnte.

Falls überhaupt, und das ist meine persönliche Meinung, dieses an sich beinahe neutrale Schimpfwort auf einen Inhalt angewendet werden kann, dann auf das unentschiedene Spannungsfeld zwischen

Einzelnem und Kollektiv. Mir ist das Wort aus Kindheit und Schulzeit ein Begriff, wenn ich hoffentlich auch nicht allzu oft persönlich damit beworfen wurde, aber ich habe es in seiner Funktion als beinahe neutrales Schimpfwort doch irgendwie integriert und ein paar Sätze gefunden, die es zum Inhalt haben, wie zum Beispiel: Dummheit multipliziert Gruppenstrukturen mit sehr großen Zahlen. – Wie gesagt, solche Sätze sind alles andere als „stabil", und doch versuche ich kurz, dieses „Halbgebiet" zu erörtern! Die Institution Familie etwa wird mitunter in Beziehung gesetzt zu größeren Gemeinschaften bis hin zum Staat, und das mit jeweils fachlicher Berechtigung. Aber ein Grundschulkind wird nicht auf die Idee kommen, anzunehmen, dass sein Banknachbar in einem genau gleichen Haus wohnt, auch die Lieblingsfarbe grün hat und so weiter. Und dieses Ineinander, Miteinander, Gegeneinander von Vergleichbarkeit und Unterschied kulminieren dann in der Sprache oder sind umgekehrt von dort her inspiriert. Und sie sind nicht rational lösbar, weil sie auch einen zumindest kleinen Anteil an Irrationalem inkludieren! Und „dumm" ist dann eigentlich kein Schimpfwort, sondern eher Ausdruck einer Frustration über eine nicht so einfach lösbare Sachlage: „Zu dumm!" Und diese spezifische Sachlage kann eigentlich nur gelöst werden, indem man die Voraussetzungen akzeptiert. Dadurch steigt man aber sozusagen über den Bereich der Sprache hinaus, und die Seele wird aktiviert. Das braucht wiederum den Mut, über die Gemeinschaft hinauszugehen, eben indem man die Sprache ganz akzeptiert – schon ein Stück weit paradox! Der Unterschied zu rationalen Problemen, welche objektiv gelöst werden können, besteht darin, dass die Lösung im Akzeptieren der Sachlage verborgen liegt, und die Entscheidung dazu muss jede einzelne Person für sich selbst oder alleine treffen! Und das wiederum paradoxe Ergebnis am Ende ist dann, auch sprachlich mit anderen unter Umständen hindernisfreier verbunden zu sein als zuvor. Also, es sollte sich selbstverständlich niemand persönlich beleidigt fühlen, wenn im Text so ein Wort vorkommt! – Aber ich komme mit meinem Begriff kaum weiter! Das Ich verleitet offenbar immer wieder dazu, sich irgendwo zu verzetteln …

Der Geist steht für das Subjekt, das Ich bezeichnet das Subjekt: Das Ich ist die Last, die dem Subjekt von anderen aufgelegt wird. Um das hier im Anschluss auf die Spitze zu treiben: Die Falle des Ichs wird dem Menschen sprachlich von anderen gestellt. Und die andere Seite dazu: Wer das Wort „ich" verwendet, ist sich selbst in die Falle gegangen. Nur lässt sich das als Mensch eben nicht so einfach vermeiden!

Die Bezogenheit des Ichs könnte ich also einstweilen abschließen mit der doch einigermaßen kühnen Behauptung: Das Ich gehört mehr zu den jeweils anderen als zum Sprecher selbst. Und hier lassen sich Sprache und Natur voneinander abheben: Das Ich definiert sich über die anderen, während das Selbst lebt.

Und damit komme ich zum dritten Punkt dieser ziemlich ruppigen Umkreisung des Ichs – der Versuch, sich der irrationalen Strähne dieses Begriffs ein wenig anzunähern, macht die Sache nicht gerade einfacher! Es ginge um die Relation des Ichs zur Zeit oder um die Tatsache, dass das Ich auf der Zeit aufruht, wie übrigens andere Begriffe auch. Aber um ein Ich konstituieren zu können, ist eine vorgängige, interne Konstitution dessen, was später als Zeit bezeichnet wird, nötig: Zeit ist für die Wahrnehmung das, was das Ich für das Bewusstsein ist. Und irgendwann kommt es dann zu dem Ergebnis: Das Ich versteht sich als Punkt einer imaginären Zeitachse. Es gibt sozusagen einen Anfang, ein Ende und es gibt ein Ich jetzt, in der Gegenwart. Und dieses Ich ist über die Sprache zum Teil irrational oder mit dem einfachsten, deutschen Wort: eine Lüge!

Nachdem die innerpersönlichen Voraussetzungen für die Zeit schon einmal geschaffen sind, kommt der Verstand zum Tragen: Das Ich ist eine synthetische Leistung der menschlichen Vernunft, das heißt, für die Genese dieses Begriffs ist neben rationaler Verstandestätigkeit auch ein Stück weit Praxis erforderlich, oder anders formuliert, der Entstehungsprozess des Ichs läuft im Alltag ab im Zusammenspiel von Handeln oder Verhalten und Erfahrung. Soweit ist das nicht einmal allzu spekulativ! Mit dem Wort ich, so könnte man sagen, hebt sich der Mensch ein Stück weit aus seiner Natürlichkeit heraus. Damit wird er aber auch anfällig für Verzerrungen, für ein fehlgeleitet-Sein, für ein dem Kollektiv Aufsitzen – und dabei „hilft" ihm der eigene Geist, welcher ja auch in der Zeit verwurzelt ist! Oder, um wieder ein wenig salopp zu erscheinen: Solange der Geist in der Welt herumirrt, ist das Ich ein Lügner. – Dabei müsste man aber schon zwischen intentionaler und strukturbedingter oder sozusagen kultureller Lüge unterscheiden!

Um noch einmal den Entstehungsprozess anzusprechen: Das Ich ist Energie, um von der Wirklichkeit zu abstrahieren. Der Terminus Wirklichkeit verweist dabei auf die beinahe ethische Bedeutung des Entstehungsprozesses. Das Ich, das ein geschäftiger Sachwalter im Bewusstsein ist, das eine Verbindung von der Sprache zur Objektwelt herstellt, stammt ursprünglich aus dem Bereich der Ethik! Und dann könnte man spekulieren, je mehr es sich an die Objektwelt angepasst hat, umso passiver, umso strukturartiger wurde es, und am Ende kann man dem Ich, streng genommen, gar keine aktive Rolle mehr zuschreiben, wenn man von der internen Tätigkeit im Bewusstsein absieht! Die Soziogenese – und ich bin kein Sozialwissenschaftler! –

verliefe demnach vom Individuum über die Sprache zum Ich, von der Seele zum Geist, von der Ethik zur Realität. Und beim Umschlag über die Sprache kommt dann ein irrationales Element dazu, welches sich in Geist und Unbewusstes verzweigt und das hauptsächlich darin besteht, dass der Einzelne nicht die Fassungskraft hat, um das Kollektiv aufzunehmen, welches hinter der Kultur steht.

Das Ich stellt also insofern einen sensiblen Bereich dar, als es auch Irrationales enthält, und es hat aufseiten der Kultur einen Verbündeten: das Sein. Das Sein repräsentiert die Sprache plus den persönlichen Geist des Individuums, und es arbeitet daher sehr eng mit dem Ich zusammen. Und beide Begriffe stellen auch Reservoire für das Unbewusste dar, was dann bei einer allfälligen Auflösung desselben bemerkbar wird. Zieht man noch einmal die Top-down-Bewegung bei der internen Genese des Ichs heran, dann lässt sich feststellen: Das Ich scheint etwas zu sein, das die Wirklichkeit nicht einlösen kann. Und das ist doch etwas paradox, lässt sich aber sozusagen unter Berücksichtigung eines irrationalen Anteils besser verstehen!

Die Bezogenheit des Ichs auf andere, auch auf Formen von Gemeinschaften, äußert sich vielleicht einerseits im Streben nach Anerkennung und macht aber andererseits auch gewisse Vorgaben: Anerkannt wird ein Ich, das eine zeitliche Ordnungsstruktur hat. In diesem Aspekt ließe sich dann formulieren: Das Ich ist das Grundbedürfnis einer zeitlichen Ordnungsstruktur, und heimlich möchte man vielleicht ergänzen „mit beschränkter Haftung". Selbstverständlich hat jede Person eine andere, interne Zeitstruktur, und ebenso selbstverständlich kann keine Gemeinschaft hier kollektive Regeln erstellen. Aber es ist wieder dasselbe

Zusammenspiel über die Sprache hinweg mit einem Schuss Irrationalität, nur diesmal eben in die andere Richtung!

Und hinsichtlich der Zeit baut das Ich eine Rückverbindung zum Verstand auf, von wo es ‚genetisch' ja herkommt: Das Ich ist die sprachliche Reflexion der subjektiven Zeit, oder ähnlich gesagt: Das Ich ist die zeitverzögerte Reflexion des Augenblicks. Bekannt ist bereits die Vergangenheit, und von dort bezieht das Ich auch seine Konstituenten, welche sich mit der Zeit ändern können. Im Allgemeinen blickt das Ich dann solcherart in die Vergangenheit und hat aber den Zweck oder die Absicht, die Zukunft zu gestalten. Leicht vorstellbar, dass es dann zu Differenzen zur tatsächlichen Zukunft kommen kann, denn die Schichte der Sprache und des Seins liegt ja dazwischen!

Um kurz zu rekapitulieren: Der Terminus Ich als Ganzes, welcher auch das Gefühl des Ichs mit umschließt, könnte gar nicht entstehen ohne Einbeziehung irrationaler Komponenten im Durchgang durch die Sprache. Und dann, könnte man schließen, ist mit dem Ich auch ein gewisses Unbehagen verbunden, das an leichte Schuldgefühle gemahnen könnte, ohne dass die Person, welche das Ich übernimmt, sich in dieser Hinsicht irgendetwas zuschulden kommen ließ! Die Schuld, so man davon hier überhaupt sprechen kann, liegt also bei der Sprache und wird durch die Kultur vererbt, aber von jedem Einzelnen übernommen und somit aktualisiert. Die Schuld käme also von einem unbekannten Kollektiv, dem man aber auch keine Schuld zuweisen kann, und der Einzelne müsste sich dann bemühen, mit dieser ominösen Schuld fertig zu werden! Wenn es mir gestattet ist, hier einen auch religiös konnotierten Ausdruck zu verwenden: Die Sprache stellt solange die Erbschuld dar, bis die Seele erwacht.

Oben wurde angedeutet, ein Mensch hebt sich mit dem Wort „ich" aus der Natürlichkeit heraus, aber aus der Natürlichkeit, welche oberhalb der Sprache angesiedelt ist, eben im Bereich der Seele und auch der Ethik. Von dort her geht beim Kind auch die Enkulturation aus, aber später kann auch die umgekehrte, objektivierte Perspektive herangezogen werden: Das Ich ist vom Körper auf Sprache ausgedehnte Inflation. Inflation bedeutet wörtlich, glaube ich, so etwas wie Aufblähung, aber darauf möchte ich nicht näher eingehen!

In der Schicht der Sprache hat aber das Ich dann eine beinahe verschwindende Bedeutung. Bildhaft formuliert: Das Ich ist der Köder, welchen die Sprache in den Raum des Nichts hängt. Es bleibt dann kaum noch etwas Persönliches übrig vom Ich, aber andererseits umfasst das Ich die gesamte sprachliche Rezeption und auch den Output einer Person: Das Ich ist die Summe all seiner wahren und fiktiven Sätze. Oder anders formuliert: Jede sprachliche Aktivität ist auf ein Ich ausgerichtet.

Es ist jetzt vielleicht eine ungewöhnliche Perspektive, aber auch das Phänomen Ich wird intern, also vom Körper wahrgenommen. Das Ich als abstraktes Wort hat seine Bedeutung, und damit muss letztlich auch der Körper umgehen, das Selbst. Es entstehen Gefühle, vor allem auch eine Art Selbstbeobachtung, die einfach mit dem Gebrauch des Ichs zu tun haben. Und, wie gesagt, durch die Bezogenheit macht es das Ich nicht unbedingt leichter! Als Bedeutungskörper hängt es an der Angel der Sprache und wird andauernd aufgefüllt. Der Körper sieht zu, ebenso das Selbst. Und so bekommt das Ich dann auch eine Tendenz, sich selbst aufzulösen, obwohl es das als Teil der Sprache gar nicht kann. Sehr salopp: Kulturbedingt opfert es sich oder verliert sich ins Nirwana oder stirbt den Heldentod oder geht als Weizenkorn zugrunde, nachdem es reiche Frucht gebracht hat, und so fort – aber all das nur symbolisch! Was es aber kann, ist, sich vom Unbewussten zu befreien, und das erfordert eine Rückkehr zu den Quellen, von wo es als Kind ausging, also in den Bereich oberhalb der Sprache, der Ethik.

Die hier viel beschworene Bezogenheit des Ichs führt im konkreten Alltag jedoch dazu, das Selbst zu objektivieren, und das, streng genommen, aufgrund reiner Mutmaßungen! Es vollzieht also eine fiktive Schleife im Bewusstsein und zeigt damit eine Identifikation mit der Kultur, die ja unter Umständen auch so aufgefasst werden kann: Kultur ist das Sich-Verselbständigen von künstlichen Schaltkreisen, und später: Kultur ist die Autonomie künstlicher Schaltkreise im Körper – aber mehr oder weniger wohl auch wiederum symbolisch! Und von der Seite des Selbst könnte man festzuhalten versuchen: Das Ich ist der Versuch des verängstigten Selbst, sich zu maskieren. Und das tut es mit einem Trick, welcher das Irrationale mit einbezieht: Das Ich betrachtet das Selbst aus der Perspektive der anderen.

Nirgends wird der Bruch vom Kollektiven zum Einzelnen deutlicher als im Wort ich, und dieser Bruch wird durch Irrationalität oder auch Ungenauigkeit verbunden. Ein Wort, und es geht ein Bruch quer durch! Und dann kann man zu im ersten Augenblick vielleicht befremdlichen Formulierungen kommen wie: Das Ich ist die Summe der äußeren Merkmale eines Menschen. Ein solcher Satz könnte beinahe auch die Existenz eines Menschen beschreiben, mit dem kleinen Unterschied, dass Letztere meist eher durch hard facts dargestellt wird, während das Ich auch sozusagen unwichtigere Eigenschaften enthält. Etwa dergestalt: Das Ich ist die vergebliche Vorstellung des eigenen Image. Vanitas, o Eitelkeit! Aber diese Vorstellung könnte auch eine ganz praktische Funktion übernehmen:

Ein Mensch braucht immer dort ein Image, wo er sich nicht geborgen fühlt. Die eigene Vorstellung schützt mich ein Stück weit, wenn sie sich im Außen auch nicht konkret manifestiert. Und wieder ein wenig in Richtung Existenz: Anhand des Ichs fasst sich der Mensch als ein zu formendes Objekt auf. Das Ich mit all seinen Möglichkeiten, die es aus der sprachlichen Vergangenheit schöpft, gibt auch Hinweise darauf, wie ich mich in der Zukunft sehen will, und das mehr oder minder erfolgreich. Das Ich verfügt nämlich über kein Instrumentarium, diese Möglichkeiten auch zu realisieren! Aus der Konstellation Kollektiv-Bruch-Ich ergäbe sich, dass das Ich sozusagen wahrheitsgemäß von sich nur behaupten könnte: ‚Ich werde gespielt‘, ein vielleicht komischer Satz, welcher aber unter Einbeziehung des Geistes und vornehmlich auch des kollektiven Geistes bittere oder schmerzliche Realität werden kann! Auch hier wiederum hat das Ich ein Naheverhältnis zur Existenz. Und dieses könnte man etwa mit der Formulierung zusammenfassen: Wir bemühen uns ein Leben lang, ein Ich zu konstituieren …

Auf Zusammenhänge und strukturelle Verbindungen des Ichs mit der Zeit wurde bereits hingewiesen, im Kontext der Sprache könnte vielleicht auch noch der Begriff Dauer erwähnt werden: Das Ich plädiert für Dauer, weil es instinktiv ahnt, dass es scheitert. Und Scheitern könnte man umschreiben als den Versuch, die Illusion zu manipulieren. Es ist nichts Schlechtes, es ist nett, liebenswürdig, man kann etwas daraus lernen, und von der Illusion kann man sogar profitieren! Aber im konkreten Fall des Ichs wird die Dauer nur vorgeschützt, allerdings inspiriert durch die Sprache selbst! Als sich ständig änderndes, sprachliches Reservoir könnte vom Ich etwa konstatiert werden: Alle Eigenschaften, die dem Ich zukommen, sind nicht von Dauer. Und in der Bezogenheit kann das sogar noch auf die Spitze getrieben werden: Das Ich hat keine Bedeutung, wenn der andere an Dauer glaubt! – Doch hat das Ich eine Motivation, sich an die Dauer zu hängen, nämlich über die Identität: Identität ergibt sich aus der Sprache, die jemand verwendet. Und diese Sprache wiederum drückt die Vergangenheit der entsprechenden Person aus. Hier stößt man aber wieder auf den Bruch, der dem Wort ich immanent ist, wenn auch von der anderen Seite. Das Ich überträgt die Dauer der Sprache zu Unrecht auf sich, weil es sich – Gott sei Dank – im Prozess des Alltags verändert.

Es wurde bereits erwähnt, dass das Ich eine mehr oder weniger unfreiwillige Ansammlung des Unbewussten darstellt, weil die unbewussten Grundemotionen nun mal mit der Sprache und mit deren Gebrauch verbunden sind. Jetzt könnte ich ziemlich nonchalant behaupten: Kommunikation ist eine Mitteilung des Unbewussten. Das System, der Körper, das Bewusstsein, die Psyche stellt einen Mechanismus zur Verfügung, um mit dem Unbehagen, der Schuld fertig zu werden oder zumindest vielleicht besser umgehen zu können, welche durch die Übernahme der Sprache vonseiten des Einzelnen entsteht. Ganz abgesehen von der inhaltlichen Notwendigkeit jedweder Kommunikation! Klar, der Mensch ist schon durch die Kultur sozusagen zur Kommunikation verpflichtet, aber dieser unbewusste Anteil bleibt und kann nicht weggeschoben werden. Und wieweit diese Bezogenheit untereinander schon genetisch definiert oder determiniert ist, kann hier nicht festgelegt werden. Das hätte eher mit evolutionsbiologischen Überlegungen zu tun. Angeblich schlug ja vor zirka zehn Millionen Jahren ein Asteroid im Kongobecken ein, und die Folgen ... – Man sieht, wie einfach und problemlos man in den Kommunikationston verfällt!

Doch könnte ich im leichten Feld der Kommunikation eine Feuerschleife des Ichs nachvollziehen, welche bis zu dessen Auflösung führt! Zunächst eine sehr einfache Aussage: Bei aller Kommunikation bleibt der Mensch stets im Hier und Jetzt. So weit, so gut! Dann könnte ich versuchen, das im Körper zu lokalisieren: Das Hier und Jetzt ist im Bauch des Individuums angesiedelt. Vielleicht hat man hier schon leichte Zweifel, aber immerhin! Und weil irgendwo schon von einem Koordinatensystem des Denkens die Rede war: Der Mensch trägt im Bauch kein Koordinatensystem, sondern Leere. Leere wiederum bedeutet, dass zeitliche und räumliche Strukturen letztlich Illusion sind. Nicht, dass sie nicht gültig wären in allen ausgewiesenen Bereichen, aber zum Beispiel innerhalb der Natur oder auch in anderen Bewusstseinsschichten als dem gewohnten Wachbewusstsein verlieren sie vielleicht ihre Bedeutung. Wenn es aber keine Abgrenzungen gibt, findet auch die Sprache keinen Ansatzpunkt. Und mit der Sprache geht dann sozusagen auch das Unbewusste verloren! Somit wäre das Fazit: Wenn man mit aller Aufmerksamkeit, welche das eigene System zur Verfügung stellen kann, kommuniziert, löst sich das Unbewusste auf, und damit, wie wir gesehen haben, auch der Geist.

Und Kommunikation könnte ich ziemlich unbeholfen zu übertragen versuchen mit ‚Gemeinsam-Machen‘. Jedenfalls kommt dabei die Kognition Gemeinschaft ebenso zum Ausdruck wie etwa auch Gemeinsamkeit. Mit einem unbedarften Sätzchen: Gemeinschaft schützt Autorität vor, Gemeinsamkeit sucht nach Liebe. Bitte nicht falsch verstehen: Beides hat seine Berechtigung und Funktion! Das Ich strebt etwa nach Anerkennung durch die Gemeinschaft, die Konventionen beruhen wohl mehr auf dem Faktor Gemeinsamkeit. Die Sprache suggeriert von vornherein Gemeinschaft, ein Kollektiv, das für deren Entstehung notwendig ist, aber in der Kommunikation kann ich versuchen, etwa Gemeinsamkeiten mit einem anderen festzustellen. Gemeinschaft ist bereits gegeben, die Kognition ‚gemeinsam' stellt möglicherweise eine Motivation zu einer Annäherung dar. So eng diese beiden Wörter also beieinander liegen, so unterschiedlich können ihre Auswirkungen ausfallen, wenn das Ich sozusagen einen Exekutor des Seins darstellt, der persönlichen Sprache, aktualisiert durch den Geist: Das Ich ist die unbewusste Gewalt eines denkenden Menschen. Und das Ich als Wort kann mit Sicherheit nix dafür! Dennoch ließe sich festhalten: Sätze mit ‚ich' bringen die Grobheit der Konvention zum Ausdruck, hier die Grobheit der Sprache. Man nähert sich also wieder an einen Knoten an, für den es keine kognitive Lösung gibt! Und es ist bereits weiter oben angeklungen, dass ein Mensch, der nach den Gesetzen des Ichs handelt, anderen schadet – und diese Gesetze sind subjektive Ableitungen sprachlicher Strukturen! Ohne ein Ich gibt es keine persönliche Sprache! Und wenn ich jemand anderem schade, schade ich mir auch vor allem anderen selbst! Ein Dilemma also ähnlich dem gordischen Knoten! Alexander zerschlug diesen Knoten in der Legende, in der Praxis des Alltags könnte ihn jeder andere auch lösen, allerdings wohl nicht mit Gewalt!

Und ziemlich unbekümmert könnte ich jetzt auch die Objektbezogenheit des Ichs in den Themenkreis mit einbeziehen: Das Ich ist der Sprache unterworfen, es handelt nur mit Dingen. Es klang bereits ein wenig an, dass das Ich weniger handelt, aber dabei hilft ihm wohl der Geist, welcher selbst auch wieder nicht die aktivste Komponente der Psyche darstellt. Ich und Geist überantworten sich vielleicht dem Denken, aber das ist dann wieder ein eigener Punkt!

Doch ergäbe sich daraus, dass das Handeln des Ichs erst im Nachhinein objektiviert werden kann.

Mit dem Aufruhen des Ichs auf der Zeit und dem kontinuierlichen Ansammeln sprachlicher Inhalte erhält das Ich seine eigene, persönliche Prägung, welche dann bis zu einer Vorstellung von Identität führen kann. Mein Ich hat sozusagen bestimmte Eigenschaften. Und dieses Ich richtet sich auch auf die Objektwelt: Das Ich ist die Kriterien, nach denen die Welt definiert ist! Selbstverständlich stößt die Wahrnehmung jedoch in der Außenwelt auf genormte Objekte, auf die Kultur, auf Regeln, auch auf die Sprache als kollektive Repräsentanz. Das Ich wird wohl nicht auf den Gedanken verfallen, Wahrnehmung und Herstellung von Objekten zu verwechseln, aber es behält doch seine eigene Prägung bei, und das völlig zu Recht! Ich bin schon für mich selbst zuständig, und die Summe solcher Ichs ergibt dann Gemeinschaften und so weiter bis hin zu Konventionen. Mag mein Beitrag auch noch so gering sein, immerhin ist es meiner!

Aber andererseits kommt mit dem Ich strukturbedingt über die Sprache der Gedanke der Subjektivität ins Spiel: Das Ich ist die Projektion der Vorstellung in die Außenwelt, also sozusagen eine aktive, geistige Komponente, die wiederum einen Rattenschwanz nach sich zieht: Der Mechanismus der Außenverlagerung lässt Schuld entstehen. Simple Begründung: Was wir auf andere projizieren, sind eigene Probleme. Der Auslagerungsseite steht aber die Wahrnehmungsseite gegenüber, die dann auch nicht ganz frei von geistigen Absichten bleibt: Das Ich ist ständiges, intentionales Begreifen der Welt. Und zwischen diesen Aktivitäten steht dann wieder die Plastikglaswand oder auch der Bruch des Irrationalen, die Trennung von kollektiven und persönlichen Anteilen, welche die

Sprache nicht adäquat vermitteln oder ausdrücken kann. Und dieser interne Bruch führt dann zu einer internen Verstrickung: Ich bin immer Teil der Außenwelt, und diese spiegelt sich in mir. Ein inneres Gefühl, in der Welt gefangen zu sein, ergibt sich aus der Struktur der Sprache, meinem persönlichen Anteil über das Ich und dem Mitwirken des Geistes, ist also vornehmlich theoretischer Natur. Und wenn ich es überkommen möchte, brauche ich nur die Sprache zu akzeptieren!

Mikaela, ich komme jetzt allmählich ans Ende der ziemlich anstrengenden Umschreibung dieses Begriffs, und ich muss gestehen, ich bin einigermaßen froh darüber! Aber andererseits verändert sich auch etwas in einem selbst, wenn man solche Inhalte formuliert, schriftlich ausdrückt.

Die Bezogenheit könnte ich noch ein wenig Robinson-Crusoe-artig erscheinen lassen: Das Ich ist eine illusionäre Insel der Gesellschaft. Zwischen Ich und Gesellschaft besteht nicht unbedingt ein Gleichgewicht, die Gesellschaft sind mehr, aber ich erkenne mich und fasse mich in meiner Ganzheit auf, und das kann nur ich selber. Also fordert das Ich im Hinblick auf die Gesellschaft etwa die Position einer Insel. Dabei handelt es sich jedoch nur um ein Scheinproblem, welches wieder einmal durch die Struktur der Sprache suggeriert wird. Ich weiß nichts von der Gesellschaft, jeder andere übrigens auch nicht, und dennoch gibt es den Begriff als spezifische Variante von Gemeinschaft. Mein Anteil an der Gesellschaft beruht bezüglich der kognitiven Schichte notwendigerweise auf Vorurteilen! Etwas radikal formuliert: Die Gesellschaft ist eine Ansammlung von Vorurteilen im Kopf. Dazu muss ich nicht asozial sein, sondern brauche mir nur die Sprache zu vergegenwärtigen: Das Ich als eigener, persönlicher Anteil daran übernimmt für das Individuum, für meine Natur auch die

Funktion eines Teleskops, einer Verbindung zur Außenwelt in Form der Darstellung dessen, was es gibt. Was es gibt, ist aber auch relevant für den kollektiven Geist, und dieser ruht auch auf der Sprache auf. Es fällt also wieder auf die Bruchstelle im Ich zurück, welche das Ich als Begriff verpflichtet, mit etwas klarzukommen, mit dem es rational definitiv nicht klarkommen kann! Im Fall der Gesellschaft werden dann sozusagen im Vice-versa-Prinzip Ausdrücke verwendet, die etwa auf den kollektiven Geist passen könnten, welcher ja unterschwellig wirksam ist und wahrgenommen werden kann. Ich verwende derart undeutliche „Urteile" und darf mich im Gegenzug als Teil der Gesellschaft fühlen, was immer das ist. Aber diese Urteile können sowohl positiv als auch negativ, destruktiv sein, ganz abhängig von meiner eigenen Persönlichkeit und wohl auch der Situation!

Um nur ein marginales Beispiel aus meiner Schulzeit zu illustrieren: Ich werde vom Internat beauftragt, eine Mitteilung an die Schule zu überbringen, also eine Zusatzaufgabe zum normalen Dasein als Schüler. Allein in der Fremde, kann das für mich eine Herausforderung darstellen, denn unter Umständen kann von einem günstigen oder eben ungünstigen Verlauf auch mein normales Dasein als Schüler beeinflusst werden. Ich weiß aber nicht viel, weder über die Vorstehung des Internats noch über den Lehrkörper oder die Direktion der Schule. Es bleibt mir nichts übrig, als nach den üblichen Vorstellungen korrekter Abläufe einen Plan zu erstellen und zu hoffen, dass dieser mit den involvierten Personen und deren Stimmung kompatibel ist. Dazu kommen Befürchtungen, was alles schief laufen könnte, und Ängste bezüglich dessen, was ich nicht weiß. Dabei soll ich nur eine simple Mitteilung von A nach B transportieren! Es erweist sich, der Direktor tritt mir sehr freundlich gegenüber, alle meine Befürchtungen waren grundlos!

Ein Ich, das sich in der Zeit behauptet, auch wenn Informationen fehlen, kann verschiedene Strategien wählen, um damit umzugehen, und eine naheliegende ist eine Verknüpfung mit dem Willen. Man lernt den Willen kennen als einen natürlichen Impuls im kulturell-abstrakten, wahrgenommenen Umfeld, und oft schlägt dieser Wille vielleicht eine ganz brauchbare Lösung vor. Der Bruch im Ich und dessen irrationaler Anteil stellen jedoch ein zusätzliches Risiko dar, und dann bleibt dem Ich mitunter nicht viel mehr übrig, als sich auf gesellschaftlich übliche Mechanismen und Urteile zu verlassen! Streng genommen wäre eine Kombination von Ich und dem Willen rational gar nicht zulässig, aber wie sollte ein Mensch den Alltag bestreiten, wenn das nicht geht? Der springende Punkt in diesem Zusammenhang ist also die Existenz eines Geistes, mithin auch eines kollektiven Geistes, welcher per Definition gar nicht existieren dürfte, rechnet man die Unterschiede zwischen allen einzelnen Personen mit ein! Und so käme ich also am Ende dieser Abhandlung wieder zu dem seltsamen Satz, mit dem ich sie schon eröffnete: Nur ein Ich, das zu einem Niemand geworden ist, schadet nicht mehr.

Herzliche Grüße,

Erich Maier

Liebe Mikaela,

das Motiv, dass eine Insel im Meer aufsteigt, sich aus dem Nebel am Horizont hebt, führt mich jetzt direkt zum nächsten Begriff, der Sprache, obwohl dieses Bild nicht sehr gut darauf passt! Warum, weiß ich wieder einmal nicht. Ich kann die Entstehung der Sprache als objektive Gegebenheit selbstverständlich nicht darstellen, weiß auch nicht, ob darüber gesichertes Wissen existiert. Mit meinem Kinderverstand könnte ich mir vorstellen, dass diese höchste Kulturtechnik aus Gewohnheit entstanden ist, zum Teil vielleicht durch eine Mischung daraus, Laute wichtig zu nehmen und sie auch von anderen zu übernehmen. Notwendige Voraussetzung dafür scheint mir aber eine Art Zeitgefühl zu sein, die Annahme einer Vergangenheit und der Versuch, in der Gegenwart eine Verbindung dazu herzustellen. Und dazu eignen sich Worte. Mit dem allmählichen Anlegen einer Sprache hat sich die Art Mensch jedenfalls am weitesten von der Natur selbst entfernt, und es liegt deshalb am Umgang der Menschen, der Personen, damit, ob die ursprüngliche Destruktivität zum Durchbruch kommt oder nicht. Wenn ich hier nochmals mein Sandplatz-Regenbogenmodell heranziehen darf, nimmt die Sprache die mittlere Schichte ein, welche zugleich auch die höchste Schichte kulturell-technischer Errungenschaft darstellt. Und darüber existiert sozusagen wiederum die Natur, drei Ebenen hoch. Die Sprache ragt wie eine nebelhafte Insel aus dem Meer. Aber dieser Vergleich ist ja nun wirklich allzu blöd!

Oder ich könnte versuchen, mich über die Kognition Dauer an die Sprache anzunähern. Diese ist das Ergebnis konventioneller

Anstrengungen, und dazu gehört auch die Sprache. Mittels der Sprache schaffen die Menschen die Illusion Dauer. Beiden ist ein illusionärer Charakter gemeinsam. Und möglicherweise ist beiden auch eine zugrundeliegende, nebulose Angst gemeinsam, welche erst zur Herausbildung von Konventionen führte. Ich finde keinen festen Boden, von dem aus ich die Entstehung und Notwendigkeit der Sprache erklären könnte, aber aus der Perspektive der Kognition Dauer, welche wiederum erst durch die Sprache ermöglicht wurde, bekommt die Sprache einen Farbstich des Absoluten, welcher aber in der Luft hängt, weil hier einander Konventionen gegenseitig bedingen.

Und über die Dauer kommt auch eine Ahnung des Todes ins Spiel. Ich möchte eine Verbindung zur Vergangenheit herstellen, um Sicherheit zu erhalten, weiß aber zugleich, dass das nur eine Finte ist, ein Versuch, mich selbst zu täuschen, dem ich aber nur allzu gerne glauben werde, wenn er sich als objektive Realität manifestiert. Und die Sprache ist so ein Ding. Ein objektiv reales Ding, welches unglaubliche Folgen für die Menschen, für und auf diesem Planeten hat, und welches doch irgendwie seltsam in der Luft hängt, eine Konvention eben, ein ideelles Erzeugnis der Menschen, das bei aller Gültigkeit des Verstandes nicht rational begründet werden kann. Die Sprache erlaubt immer nur Querverweise, Querverbindungen zu anderen Entitäten, die sozusagen ebenfalls in der Luft hängen und letztlich auf den Menschen selbst verweisen, auf seine Art, auf sein Anderssein als die übrige Natur, welches sich aus den kulturellen Wirkungen erkennen lässt. Die Sprache als Problem des Menschen.

Ein dritter möglicher Zugang zur Kulturtechnik Sprache führt über das Faktum der Gemeinsamkeit: Die Sprache hebt einen Menschen aus seinem Solipsismus heraus. Etwas weniger philosophisch formuliert: Sprache ist das Gemeinschaft stiftende Element par excellence. Oder eben angesichts der Kultur, in der wir leben: Die Verbindung der Menschen untereinander basiert auf Sprache. Doch dem stellt sich die Realität oder die Praxis in mehrfacher Hinsicht entgegen. Nur weil jemand dieselbe Sprache spricht, darf er nicht ohne weiteres durch mein Gartentor hereinkommen und es sich in meinem Haus bequem machen! Im Job rittern wir möglicherweise um dieselbe Beförderung, und so fort. Und es gibt ja auch das Bonmot, dass Parteien oder Seiten durch dieselbe Sprache getrennt werden. Fazit: Die durch die Sprache vermittelte Gemeinschaft ist Illusion. – Wer hat jetzt Recht, die Gemeinsamkeit oder die Trennung?

Es gibt natürliche Verbindungen, aber auch künstliche. Zu Letzteren zählt auch die Sprache. Nehmen wir einfach das Wort „wir". Ein Kind in der Familie weiß, was mit „wir" gemeint ist. ‚Wir' als Klassengemeinschaft ist schon viel lockerer und ‚wir' als Gesamtheit der Bewohner eines Landes, der Bürger eines Staates, haben in politischer Hinsicht vielleicht so manchen Strauß auszufechten. Aber sowohl für das Kind in der Familie als auch den gesetzestreuen Staatsbürger gilt, dass die Sprache eine Kulturtechnik ist, und somit ein Stück weit zutrifft, dass ‚Wir' auch ein wenig die Abgabe der Lebenshoheit des Einzelnen impliziert, der dieses ‚Wir' ausspricht oder verwendet. Ein Kind mag vom Wir profitieren, es bekommt eine Süßigkeit im Geschäft, aber andererseits sehnt es sich vielleicht doch irgendwann danach, erwachsen zu werden und entsprechende Befugnisse zu haben.

Ich habe jetzt von drei Seiten her versucht, mich an das Phänomen Sprache anzunähern, und doch ist nicht viel mehr übrig geblieben als eine Illusion! Und Illusion kann durchaus wieder als eigener Begriff aufgefasst werden! Aber ich meine, wenn ich zu Beginn, ich glaube im ersten Brief, davon gefaselt habe, die Conditio humana bestünde in der menschlichen Sprache, dann ist dieser Befund wohl einigermaßen dünn! Und ich tu mir, offen gestanden, auch schwer, festere Substanz herauszuholen! Es kommt mir gerade so vor, und das ist wiederum sehr spekulativ, als sei die Sprache aus einem Unbehagen, aus einem schlechten Gewissen Einzelner und dann auch des Kollektivs entstanden angesichts der Tatsache, dass man sich vom Rest der Natur offenbar irgendwie unterschied. Selbstverständlich spielt dabei das Zusammenspiel mit erzeugten Objekten eine Hauptrolle, aber die Sprache selbst könnte auch eine Sehnsucht ausdrücken, zu dieser Einheit mit der Natur zurückzufinden, was die Sprache als Struktur nicht leisten kann; eine positive Verwendung der Sprache seitens des Individuums könnte jedoch zumindest die Richtung angeben bzw. darauf hindeuten. Positiv bedeutet in diesem Zusammenhang dann eben wieder die Wahrnehmung des natürlichen Hintergrunds. Und der Einzelne müsste dann die Sprache irgendwie zu überschreiten versuchen, was nur mit Hilfe der Natur und vielleicht auch im Vertrauen auf diese möglich ist.

Illusion, so könnte ich behaupten, ist die sprachbedingte Selbstverspottung des Menschen. Und das wäre nur eine wörtliche Übersetzung des Fremdworts. Und andererseits stellt die Sprache die Auslagerung des Menschen in die Illusion dar in ihren vielfältigen Erscheinungen. Das Bewusstsein, dem Tod entkommen zu wollen, ist wohl die äußerste Form dieser Illusion. Und dazu trägt die Sprache ihrer Struktur nach ebenso bei wie zur Annahme sprachbedingter Gemeinschaft. Doch man könnte sich trösten: Jede Illusion besteht nur in der Wahrnehmung eines Selbst, also der Natur. Nur wurde einem bisher nicht beigebracht, dass die Natur eine so wichtige Position im Gefüge einnimmt! – Und das widerspricht übrigens nicht der Religion, welche ja stets auch in dieselbe Richtung weist.

Es wurde behauptet, dass das Ich und das Sein das Unbewusste gemeinsam haben, und vielleicht ergibt sich ja aus dieser Richtung ein belastbarerer Zugang zur Sprache! Überhaupt habe ich den Eindruck, dass manche Züge des Ichs auch auf die Sprache im Allgemeinen ausgedehnt werden könten, mit der gebotenen Vorsicht, versteht sich! Im Zusammenhang der kulturellen Entwicklung stehen mir ganz amateurhaft zwei Säulen vor Augen: die Kunstfertigkeit, die Fähigkeit, Objekte zu erzeugen, welchen eine relative Dauer zukommt, und andererseits die Entwicklung der Sprache als lautliches und kommunikatives Pendant. Was war jetzt früher – Mikaela, bitte frag mich das nicht! Die Verbindung zwischen diesen beiden Säulen stellt in theoretischer Hinsicht der Bereich der Mathematik her, ein anerkannter kultureller Bereich. Und von diesem ausgehend könnte ich wieder behaupten: Das Sein ist die Sprache aus der Perspektive der Mathematik.

Es springt wohl sofort ins Auge, dass es sich auch hier um einen Rückbezug, eine Art Zirkelschluss handelt. Und ich finde damit wieder keine ausreichende Grundlage für die Sprache. Aber zugleich wird das Feld etwas eingegrenzt, es tritt hervor, dass der für den Menschen relevante Ast des Komplexes Sprache im persönlichen Bereich liegt, im Zugang des Einzelnen, im Sein. Und das Sein wieder impliziert den persönlichen, unter Umständen aber auch den kollektiven Geist. Wird der Geist aufgegeben, bleibt die Sprache als das Konstrukt zurück, als das es gerade existiert. Und umgekehrt könnte ich dann postulieren: Logik überprüft die Sprache an der persönlichen Wirklichkeit – also eine ethische Konnotation! Die Sprache ist viel persönlicher, als wir das bisher anzunehmen geneigt waren, aber, und das sollte man vielleicht schon dazusagen, vor dem

Hintergrund der Natur! Missbrauch eines Kollektivs durch Einzelne kann leider auch heute noch nicht ausgeschlossen werden; die kulturelle Tradition versucht, das zu verhindern.

Somit sind wir oder bin ich bei einem ziemlichen Paradox angekommen: Die Sprache als wohl die allgemeinste kulturelle Errungenschaft lässt sich nur vom Einzelnen her einigermaßen substanziell begreifen, besteht aber ganz zweifellos als kollektive Struktur, als Kulturelement, welches über jedes einzelne Leben hinausgeht. Und dann könnte ich beispielsweise auch sagen: Die Sprache ist viel weiter, als Logik je auszudrücken vermag. Logik lässt noch den mathematischen Aspekt mitschwingen, die Zwischenposition zu den Dingen, aber auch den mit der Mathematik verbundenen Anspruch der Wissenschaftlichkeit. In Bezug auf den Sinn der Sprache bleibt sie dann aber auf eine seltsame Art postuliert, und man könnte das dann sogar auf einen Gedanken zuspitzen wie: Die Logik bleibt beliebig, bis sie auf gelebter Ethik beruht. Für den Philosophieunterricht mag ein Statement wie „Logik überprüft die Sprache an der persönlichen Wirklichkeit" zwar befremdlich klingen, tut aber einerseits der üblichen Logik keinen Abbruch und verweist andererseits doch auf den für den Menschen relevanten Status der Sprache, den persönlichen. Verantwortlich sein kann ich nur für mich selbst, und darauf kommt es aber auch irgendwie an! Noch einmal: Das Persönliche, das Sein impliziert auch den Geist und bleibt damit subjektiv, kann also nicht zur allgemeinen Norm erhoben werden! Der Geist, und das ist im Kontext vielleicht bemerkenswert, ist die unerfüllbare Hoffnung auf den Sinn von Sprache – was eben den pikanten Status oder die Position der Sprache selbst beleuchtet. Aber zugleich wird hier für die Vorstellung ein schwacher Lichtschimmer erkennbar, dass die Sprache doch nicht das Ende der Fahnenstange bedeutet, sondern dass es auch noch ein Darüber-hinaus gibt, vielleicht im Rahmen der Spiritualität, aber eben auch zur Natur. Insofern ist es eine Illusion, an die Sprache gebunden zu sein, auch wenn das alles Persönliche, auch das Sein suggeriert. Die Natur, so könnte man objektiv beobachten, empfindet keinen Impuls, sich sprachlich – nach Menschenart sprachlich – auszudrücken. Und in Termini der Hierarchie: Sie beherrscht unser Leben, ist über die Sprache erhaben. Und dennoch hat die Sprache als existierende Struktur einen Sinn, kann sie nicht nur als destruktiv aufgefasst werden! Aber es käme dann nicht darauf an, auf einen Sinn zu hoffen, sondern das zu tun! Und dabei stößt man wieder auf den dem Wachbewusstsein vorgängigen Faktor Zeit. Aber dazu ein andermal!

Die Basis der Sprache ist das Zusammenwirken von Angst und Stolz. Auf die Emotionen möchte ich später etwas näher eingehen. Angst und Stolz bilden das Unbewusste und sind irgendwie, könnte man spekulieren, an der Entstehung der Sprache beteiligt (gewesen). Die Sprache ist eine Art Konvention und umfasst damit auch emotionale Komponenten. Ganz einfach formuliert: Menschen sind stolz, eine Sprache zu haben, und fürchten sich davor. In gewisser Hinsicht sind das gegensätzliche Emotionen, oder sie zeigen einfach in eine andere Richtung: Stolz in die Vergangenheit, Angst oder Furcht in die Zukunft. Damit kommen die beiden aber auch in die Nähe der Zeit, legen sozusagen eine Brücke dahin. Der Schritt von der Sprache zum Nichts führt zuletzt über die innere Auflösung der Angst, des Stolzes. Und Nichts könnte man ganz unphilosophisch auch als Abkürzung von Nichtsein auffassen. Kein Sein, oder genauer, die Sprache ohne Geist. Und Nichtsein heißt, dass alle unbewussten Komplexe aufgelöst sind. – Hat jetzt wohl nichts mit psychiatrischem Bedarf zu tun, sondern berührt einen vorsprachlichen Bereich, einen Bereich, der mit Worten nicht abgedeckt ist. Worte sind der Wellenschaum, die Creme, die Kruste eines inneren Prozesses, welcher über keine Namen verfügt, im Zuge dessen es aber unter Umständen auch zu Verschlingungen, Verwerfungen oder ähnlichem kommen könnte, eben zu nicht ganz einfachen Strukturen, welche sich auch erhalten können, über eine gewisse Dauer und Konstanz verfügen. Und manche davon, ich spekuliere, sind dann vielleicht etwas kontraproduktiv oder so notwendig wie das fünfte Rad am Wagen. Es fehlt nichts, wenn sie verschwinden, außer eben dem Geist.

Dieses seltsame Wort Nichtsein, das ja im Sprachgebrauch kaum vorkommt, repräsentiert so etwas wie eine heimliche oder etwa unterbewusste Hoffnung auf einen geschützten Ort angesichts der Tatsache der Sprache, ein Elysium, wo man sich auch einmal ausruhen und erholen kann, und das vielleicht nicht erst nach dem Leben, sondern auch schon während desselben. Die Sprache existiert, und dann sollte oder müsste es doch auch eine Art Gegengewicht geben, etwas, das die Wirkungen der Sprache aufhebt! Wir hatten schon ein wenig über das Ich reflektiert; in diesem Zusammenhang könnte man noch anfügen: Jedes Ich zielt letztendlich auf seine Auflösung im Nichtsein ab. – Und das muss nicht unbedingt mit dem physischen Tod koinzidieren! – Oder, um den Terminus Zeit ein bisschen vorwegzunehmen: Im Innern erwarten den Menschen das Nichtsein der Zeit als Freude. Sogar ein Gefühl wird in diesem Kontext aufgerufen!

Möchte man die Sprache mit dem Nichtsein in Verbindung bringen, geht das sozusagen nur von oben her, aus der übergeordneten Schichte des Handelns, der Verantwortung. Und wenn man das genau trifft, könnte man vielleicht sogar behaupten: Sprechen als Handeln ist eine direkte Mitteilung des Nichtseins. Ich habe, glaube ich, einen Brief lang versucht, den Unterschied zwischen Handeln und Verhalten herauszuarbeiten, und es ist mir wohl nur zum Teil gelungen! Aber hier, im Kontext der Sprache, kommt es darauf an: Das Nichtsein ist in der Sprache inkludiert und wartet sozusagen nur darauf, befreit zu werden! Im Zuge des aktuellen Sprachgebrauchs sorgt jedoch der Geist dafür, dass man stets ein wenig am Kern vorbeitrifft, ohne es zu wollen, aber auch ohne es überhaupt wahrzunehmen: das Sein eben, Sprache plus Geist. Je mehr ich mir aber des handelnden Charakters auch des Sprechens bewusst bin, umso mehr nähere ich mich an die Zeit an, die wiederum den Kern des Geistes darstellt, und umso mehr neutralisiere ich damit die Umstände, die sich in ihrer Gesamtheit zur Zeit fügen. Die Realität existiert, aber ich komme dem Moment näher. Und das ganz einfach über die Sprache, über meine konkrete Verwendung der Sprache, auch wenn ich gar nichts sage, sondern nur denke.

Das könnte ich nun wieder verwenden, um an meiner persönlichen Sprache zu arbeiten, durchaus im Kontakt mit anderen. Damit bekommt die Sprache selbst eine ethische Komponente. Sprache, wie sie im Wörter- und im Grammatikbuch dargestellt ist, ist neutral, im Gebrauch bekommt sie Farbe. Und im bewussten Gebrauch fordert sie offenbar sogar zu einer Art Ethik heraus, die ich aber nur selbst „kontrollieren" kann, denn nur ich verfüge über meinen persönlichen Zugang. In demokratischen Umständen darf ich aber annehmen oder muss ich dem anderen zugestehen, dass bei ihm die gleichen Voraussetzungen gelten. Ob er die Sprache aber auch ethisch auffasst, ist wiederum seine persönliche Sache, und dafür ist er auch selbst verantwortlich. Ich darf ihn aber nicht beschuldigen!

Sprechen ist eine Form des Handelns, die den anderen einbezieht, aber die Vorannahme einer Sprachgemeinschaft impliziert im Einzelnen eine Art von Bewusstsein, als hätte die Sprache auch eine ethische Kompetenz, welche ihr objektiv gar nicht zukommt. Ein

Konstrukt kann über keine ethische Kompetenz verfügen! Dennoch darf ich unphilosophisch, wie immer, den Satz formulieren: Die Regeln des Zusammenlebens ergeben sich aus der Sprache. Und das ist wohl nicht nur so dahin gesagt, behaupte ich, sondern das hat in der Realität auch eine Referenz! Und die könnte noch übersteigert werden zum Spezifikum: Schriftsprache bedeutet, jeder Mensch lebt sein Leben für andere.

Ein weiterer und anderer Aspekt der Sprache geht nicht vom Sprachgebrauch des oder der Einzelnen aus, sondern versucht die Sprache als objektive Entität ein wenig näher zu charakterisieren. Innerhalb der kulturellen Umklammerung von Sprache und Objekten ließe sich etwa erkennen: Sprache projiziert Dauer in die wahrgenommenen Objekte. Eine Illusion: Mittels der Sprache schaffen die Menschen die Illusion Dauer. Und im Hinblick auf Konturen: Sprache vermittelt der Abgrenzung illusionäre Dauer.

Durch die Sprache hindurch entfaltet sich also eine ganze Innenwelt: Welt ist die Summe aller Vorstellungen mit zeitlicher Dauer, oder eben die Summe der sprachlich formulierbaren Vorstellungen. Die Sprache, so lässt sich einfach bemerken, ist das primäre Konstituens der Welt eines Menschen. Und bezüglich der Welt selbst: Welt ist die durch Sprache strukturierte Außenwahrnehmung des Selbst.

Es kommt also in gewisser Hinsicht auf die Beschaffenheit der Sprache an, das versuche ich in diesem Brief zu zeigen. Wie beim Ich trifft man aber auch bei der Sprache auf kollektive Aspekte und auf die Perspektive des Einzelnen, und mit der Sprache als Konstrukt muss ich mich als Nichtfachmann vielleicht auch nicht so genau beschäftigen; es reicht schon, wenn ich keine Rechtschreibfehler fabriziere. Aber an der Bedeutung kann ich nicht so einfach vorbeigehen, und wenn ich vorhabe, etwas weiter nach innen vorzudringen, kommt der Sprache sogar eine Schlüsselrolle zu, ein Schlüssel zur Zeit. Das muss nicht viel mit Mystik zu tun haben, aber immerhin ist auch der Mythos in der Gegebenheit der Sprache irgendwie impliziert! Es entstehen unglaubliche Göttergeschichten mit Dämonen, Helden und überirdischen Kräften einfach nur deshalb, weil man die Bedeutungen der existenten Sprache nicht restlos oder vielleicht nicht fehlerlos durchschaut! Und teilweise über diese wird dann die Sprache spekulativ, aber auch kulturimplizit zu einem Gegenspieler der Natur. Das wird kaum jemals explizit formuliert, weil es ja eigentlich die verkehrte Sichtweise darstellt! Die Menschen sind Kinder der Natur, daran hat nicht einmal die Evolutionstheorie etwas geändert! Aber die Sprache als höchste Kulturtechnik ermöglicht unter anderem auch die Beherrschung der Natur, und das war nicht immer der Fall!

Ich könnte also spekulieren: In kollektiver Hinsicht ist das Konstrukt Sprache zumindest leicht negativ oder destruktiv gefärbt, für mich als Person hat der Sprachgebrauch aber eine ernst zu nehmende Bedeutung, davon hängt unter Umständen zum Teil auch mein inneres Wohlbefinden ab. Ich muss also die Zähne zusammenbeißen und die glorreiche Errungenschaft Sprache, der eben auch Destruktivität anhaftet, für meinen eigenen Gebrauch in einen positiven Bereich bringen oder zumindest zu bringen versuchen! Und ich möchte nicht so weit gehen, den Anteil der Sprache an der Klimaproblematik zu konkretisieren – was ich selbstverständlich auch gar nicht könnte!

Aus einigermaßen objektiver Distanz könnte man demnach formulieren: Die Sprache ist die primäre und destruktivste Konvention. Die Dauer, welche selbst eine Illusion ist, könnte in anthropomorpher Gestalt ausrufen: „Die Sprache ist das Absolute und Ursache der Destruktion!" Unter dem Vorzeichen der Realität: Sprache, Zeit, Zahl und Geld sind Proponenten der Destruktivität. Und was mein Innenleben angeht, könnte ich mich als Pessimist, Phlegmatiker, Melancholiker und so fort zu der Behauptung versteigen: „Sobald die Sprache ins Spiel kommt, lässt sich Unglück nicht mehr vermeiden!"

Dem gegenüber steht die Natur, der Fluss der Natur, das Freisein von Sprache, das Nichts. Einerseits lässt sich behaupten: Das Problem, das der Mensch der Natur gegenüber hat, ist Sprache; oder auch: Sprache verführt zu achtlosem Handeln gegenüber der Natur. Andererseits kommt der Mensch um die Sprache nun mal nicht herum, und es böte sich eine Art Happy End an mit dem Ende des Seins, der Auflösung des Geistes, mit dem Nichtsein oder kurz Nichts. Dazu kommt es am Ende des Lebens wohl ohnedies, aber die Mystik und weltweite Spiritualität lehren uns, dass es das unter Umständen auch schon während des Lebens gibt!

Der Wirkungskreis des objektiven Konstrukts Sprache ist also sehr weit und stellt sich für jede Person wahrscheinlich ein bisschen anders dar. Wir haben gesehen, dass der Geist von der Sprache herkommt und dann auch die Art ist, wie ein Mensch mit der Sprache und mit Objekten umgeht. Von der Sprache selbst, von Worten ließe sich behaupten: Das Mysteriöse, das Worten implizit anhaftet, ist Zeit. In meinem Sandplatz-Schichtenmodell wird dabei nach unten verwiesen. Dann reflektiert die Sprache aufsteigende Gefühle und lenkt sie als Emotionen nach außen um, fungiert also quasi wie ein Spiegel. – Und dieser kann dann auch im Inneren seine Spuren hinterlassen! Für mich persönlich hat die Sprache auch ein Naheverhältnis zum Mythos, aber auch zur Mystik und zur Religion und durch diese hindurch auch zur ganzen Kultur. Verankert ist sie aber, wie wir ebenfalls gesehen haben, in der Wirklichkeit und wird in einem Zusammenspiel mit der Wahrheit erlernt und gebildet. Das wäre dann die fünfte Schicht meines Sandplatzmodells. Und kann man dort oben loslassen, fällt man von über der Sprache durch diese hindurch, gelangt man vielleicht zum Nichts, zur Auflösung des Geistes und zum inneren Frieden.

Nimmt man das in den Blick, lässt sich wohl auch die Aussage rechtfertigen, die Conditio humana bestehe in der menschlichen Sprache. Und es kommt noch eine Perspektive dazu, welche vielleicht im Alltag nicht so sehr im Vordergrund steht. Die Sprache dient als Medium der Kommunikation, und darüber hinaus besitzen die Worte eine Korrelation zu Objekten aller Art. Die Sprache wird also tendenziell eher in der Außenwelt angesiedelt. Ihr Bezug zur Zeit verweist aber bereits auf einen dem üblichen Wachbewusstsein vorgängigen Faktor, und die Worte, Phrasen, ‚Sprachcluster', welche sich als innere Korrelation im Zuge von Erfahrungen gebildet haben, haben ganz konkrete Auswirkungen auf die Innenwelt des jeweiligen Menschen, das Innenleben, die Psyche. Es kommt also nicht nur darauf an, dass ich für die Kommunikation die richtigen Worte wähle, sondern Worte, die ich als Speichersymbole meiner Wahrnehmung verwendete, haben unter Umständen eine längere Auswirkung in meinem Bewusstsein als für irgendwelche Tatsachen oder Objekte geäußerte Worte. Doch auch hier kommt es zu einer Art Spiegelung. Grob gesagt gilt die Bedeutung, die ich einem Wort im Außen beimesse auch in meiner Innenwelt, und umgekehrt. Wenn ich mich mit einigen wenigen, konkreten Wortbedeutungen beschäftige, wirft das unter Umständen Licht auf diverse innere Problemfelderchen. Aber ich bin weder ein Psychologe noch ein Therapeut und möchte mich nicht allzu weit auf dieses Gebiet vorwagen! Im Grunde geht es wohl immer wieder um die Akzeptanz dessen, was ist oder war. Und wenn ich dafür auch noch die richtigen Ausdrücke finde, habe ich mit der Lösung des Problems vielleicht schon implizit begonnen! Aber das ist, wie gesagt, eine andere Geschichte!

Herzliche Grüße,

Erich Maier

08. Juli 2020

Liebe Mikaela,

ich würde mich ja gerne zurücklehnen und es etwas gemütlicher angehen! Sehn wir mal, ob sich das in diesem Brief ein wenig besser ausgeht!

Wenn man in der Schule etwas übermütig fragt, was denn den Menschen im Allgemeinen so ausmacht, erhält man diverse Antworten vom aufrechten Gang und dem unspezifischen Gebrauch der Hände, vielleicht auch den lapidaren Verweis auf das Genom. Mit einem humanistischen Hintergrund kristalisiert sich jedoch möglicherweise der Verstand als das Merkmal schlechthin heraus, welcher noch vor über zweihundert Jahren, nicht ganz kongruent, aber immerhin mit dem Wort Vernunft bezeichnet wurde. Heute bedeutet Vernunft wohl etwas anderes. Und um den Verstand einmal vordergründig zu definieren, könnte ich ein philosophisch wohlklingendes Wort anziehen: Der Verstand ist die Summe der Erkenntnisse der Vergangenheit. – Also geht es wohl zunächst einmal darum herauszufinden, was diesem dummen Autor zum Terminus Erkenntnis schon so eingefallen ist!

Erkenntnislehre oder Metaphysik ist eine alte philosophische Kerndisziplin, deren Inhalte sich bis ins Altertum zurück verfolgen lassen oder besser von dort her ihren Ausgang nehmen. Und in der Antike sollte die Erkenntnislehre auch einen ganz praktischen Nutzen für den Aufbau der Welt liefern. Heute kann man das Wort in dieser Hinsicht wohl ein wenig entmystifizieren, in einem beinahe psychologischen Zusammenhang auffassen, allerdings meiner Meinung nach mit einer starken Betonung der Komponente der Sprache. So dürfte ich also wohl anknüpfen: Erkenntnis beleuchtet Wege, die von der Sprache gelegt werden. Und das vollzieht sich, leicht einsichtig, im Inneren eines Menschen! Da die Erkenntnis aber nicht mit der Taschenlampe beliebig im dunklen Innenraum herumirrt, könnte als Erklärung angefügt werden: Erkenntnis ist die Zuordnung von Wahrnehmung und Konvention.

Keine Angst, meine Erkenntnislehre ist kürzer als in der Philosophietradition, wo dann im Mittelalter religiöse Inhalte zu einem Erkenntnisproblem wurden und in der Neuzeit diverse Denkrichtungen ihre Scharmützel austrugen bis hin zur Aufklärung, in der man bemüht war, endgültige Lösungen niederzulegen, aber wohl auch daran scheiterte. Wo liegen also die Grenzen der menschlichen Erkenntnis?

Irgendwann erkannte man wohl, dass das Erkenntnis- mehr ein Scheinproblem darstellte und benannte kurzerhand die ganze Disziplin um. Aus Metaphysik wurde Ontologie, die Lehre vom Sein, oder wie ich eher übersetzen würde, von der gesprochenen Sprache. Und irgendwie zieht sich ja auch die Sprache wie ein roter Faden durch diesen Text. Das Wort Erkenntnis aus heutiger Sicht trägt auch zum Aufbau der Welt bei, aber zu einer Konnotation von Welt, die eher im Inneren angesiedelt ist. Ich konstruiere nichts mit meiner Erkenntnis, aber ich stelle etwas fest, und wenn sich das bestätigen sollte, kann ich es abspeichern. Ganz einfach. Ohne Erkenntnisse gibt es keinen Verstand, darüber hinaus aber auch keine Wissenschaft, und sogar im Rechtswesen kommt der Terminus vor. Und das alles beginnt im Babyalter, wenn der oder die Kleine zum ersten Mal die Augen aufmacht, nein früher, wenn die Haut taktile Empfindungen hat, wenn der Mund zum ersten Mal etwas schmeckt, die Nase riecht und so fort. Erkenntnis ist nichts Aktives im Sinne von nach außen gerichtetem Tun, braucht aber wohl Energie und läuft zum Großteil vielleicht unterbewusst ab. Und sie setzt dann später Sprache voraus, um überhaupt von Erkenntnissen sprechen zu können.

Vielleicht darf ich hier im Umfeld des Verstandes kurz abschwenken zu einem anderen Begriff, der Substanz. Anders als in der aristotelischen Kategorienlehre könnte das Wort etwa so dargestellt werden: Substanz ist das Endprodukt einer subjektiven Reflexion. Also wiederum eine Art Verlagerung von außen nach innen. Substanz setzt schon die Sprache, die Reflexionsfähigkeit voraus, als Grundelement aber eben auch diverse Erkenntnisse. Und so könnte ich etwas breitspurig behaupten: Auch die größte Anstrengung kann nichts Substanzielles aufbauen! Erkenntnis ist nun mal ein ‚passiver' Vorgang! Andererseits ergäbe sich als Folgerung: Interesse ergibt sich aus dem Lebensalter der Substanz. Wie in der Mathematik kann hier ein Mittelwert zwischen Personen erstellt werden, und so ist ja auch der Schulunterricht irgendwie strukturiert, Erkenntnisse und Lebensalter gemittelt. Knüpft man hier an Metaphysik und Ontologie an, die Lehre von Erkenntnissen und vom Sein, so lässt sich das in der Gegenwart auch auf eine Perspektive außen/innen reduzieren. Und ich dürfte im Kontext noch eine Behauptung unterbringen: Erkenntnis der Welt beginnt mit der Auflösung des Geistes im Nichts. Um die Welt verzerrungsfrei wahrnehmen zu können, müsste das Sein um ein vorangestelltes Nicht- ergänzt werden. Die Welt bleibt, wie sie ist. Aber meine Wahrnehmung hat sich vielleicht um einen Faktor der Irrationalität verändert, welcher nun fehlt. Und möglicherweise hat das dann auch Auswirkungen auf die eine oder andere Substanz!

Über den Verstand selbst habe ich nicht allzu viel zu sagen. Psychologie und Bildungswissenschaften beschäftigen sich damit, in pathologischen Fällen die Medizin, in der Praxis die diversen Formen der Schule. Für den beschreibenden Modus der Philosophie bleibt da nicht allzu viel übrig. Vom Wort her lässt sich vielleicht ein bezeichnendes Bild ableiten: Das deutsche ‚Verstehen' verweist wohl ein wenig auf die Bewegung des Sich-an-den-Platz-von…-Versetzens. Ich übernehme also dem Wort nach den Platz eines Gegenstands oder Menschen, jedoch selbstverständlich nur fiktiv, und ich kann das nur über die Allgemeinheit der Sprache. Klar, dass dabei auch schon ein Rest impliziert ist, Fragezeichen bleiben, besonders in Bezug auf andere Menschen. Die Auseinandersetzung zwischen dem Einzelnen und dem Kollektiv spielt also auch in das Gebiet der Kognitionen herein, gestaltet sich hier jedoch weitaus verträglicher als etwa noch beim Ich! Wurde oben behauptet, dass der Verstand aus der Summe der Erkenntnisse der Vergangenheit besteht, so könnte man in kollektiver Hinsicht feststellen: Wissen ist die Summe aller Erkenntnisse der Vergangenheit. Und zur Herausbildung des Wissens ließe sich konstatieren: Wissen bezeichnet Fälle, deren

Eintrittswahrscheinlichkeit hoch ist. Verstand und allgemeines Wissen weisen in dieser Darstellung schon eine formale Kompatibilität auf, jedoch kann der Verstand eines Einzelnen nicht über alles Wissen verfügen. Die Strukturen von Wissen und Verstand stimmen aber offensichtlich überein, und so kann sich ein Einzelner bemühen, sein Wissen auf bestimmten Gebieten voranzutreiben und so fort. Überhaupt wird hier meiner Meinung nach zu viel Hokuspokus oder Magie angewendet, wenn es etwa nur um das formale Nachziehen von Linien und Strukturen geht! Die Sprache ist im Falle des Verstandes das Gemeinsame, und geringe Abweichungen des persönlichen Sprachgebrauchs spielen dabei wohl nur eine begrenzte Rolle!

Betrachte ich die Sprache jedoch als Kulturtechnik mit leicht negativem oder sogar destruktivem Vorzeichen, dann färbt das auch auf den Verstand ab: Das Zentrum und die Crux des Verstandes ist die verbale Sprache. Der Verstand schwebt dann gleichsam in einem Paralleluniversum zur Natur, oder schärfer formuliert: Der Verstand ist eine Rückkopplung, in der die Natur sich belügt. Wohlgemerkt, hier wird die Sprache problematisiert und nicht die Entität des Verstandes! Als Summe von Erkenntnissen ist der Verstand eine Mischung von Natur und Konventionen, und meiner Meinung nach könnte man genauso gut dazusagen: Der menschliche Verstand ist als Ganzes der Natur unterworfen. Ist mir das klar, dürfte ich auch einen Blick auf den nächtlichen Sternenhimmel werfen und mir dabei denken: Der Mensch selbst ist das Universum, und der Verstand ist die Mensch-heit. Das Selbst des Menschen stimmt mit der Natur, dem Universum überein. Hier setzt wohl auch eine Form der Mystik an, denn ich weiß selbstverständlich über meine Körpergröße und das Verhältnis der Erde zu allem da draußen vorstellungsmäßig Bescheid. Das Wort Universum bedeutet so etwa „auf das Eine hingewendet", und für „das Eine" könnte ich Gott ebenso einsetzen wie den

Menschen oder auch die Natur. Die mittlere Option wäre wohl Selbstüberschätzung! Aber der Mensch besteht nun mal aus Natur, und ich dürfte, glaube ich, auch sagen: Gott ist Natur, aber nicht umgekehrt, die Natur ist Gott. Was ich damit eigentlich ausdrücken will: Es geht wohl um die Suche nach etwas im Inneren, darauf kann einen sogar der Blick ins Weltall bringen! Ob dieses Eine dann als Natur oder Gott bezeichnet wird, steht der Person, dem Menschen, dem Gläubigen anheim. Man könnte das als Paradox formulieren: Das Faktum der Verstandes versetzt mich schon auf die Suche nach einer Art innerer Harmonie!

Von der Sprache her übernimmt der Verstand aber, wie gesagt, auch das eine oder andere Problemchen. Der Abgrenzungscharakter von Worten in Bezug auf Objekte könnte unter Umständen dazu führen, dass eine Person den Verstand gleichsam als eine Summe von Ziegeln auffasst, welche um sie herum eine Wand errichten. Dann befinde ich mich von klein auf in einem Gefängnis, in einem Gefängnis der Sprache und meines eigenen Verstandes! Mit der Annahme oben beschriebener Herausbildung von Erkenntnissen dürfte ich vielleicht das Wort Synthese heranziehen, um die Entwicklung des menschlichen Verstandes zu bezeichnen. Zusammen mit dem Abgrenzungscharakter von Worten und dem impliziten Verweis auf die Kognition Besitz haftet dem Verstand ähnlich wie der unbestimmten Energie des Geistes eine Motivation des ‚Ich will haben' an, und das in gewisser Weise strukturbedingt über das Medium Sprache. Von daher wäre es dann nur ein kleiner Schritt, den anderen als Konkurrenten zu sehen oder gar in negative Emotionen wie Argwohn und so fort zu verfallen! Aber, um mich zu wiederholen, schuld wäre im Prinzip nicht der Verstand, sondern die Sprache, deren er sich bedient!

Weiter oben wurde festgehalten: Interesse ergibt sich aus dem Lebensalter der Substanz. Und aus diesem Interesse her könnte ich im Umfeld des Verstandes das nächste Wort ableiten, nämlich das Denken. Es schwingt schon ein wenig mit, dass zum Verstand und Denken auch der Geist irgendwie dazukommt oder vielleicht dazugehört, aber wie ich darzustellen versuchte, kann sich der Geist auch unwiderruflich verabschieden, und dann bleibt eben nur noch der Verstand zurück und das Denken. Ob der Geist jetzt einen Unterschied macht und wie, kann wohl nur jede einzelne Person für sich selbst feststellen! Den Geist kann man jedoch kaum generalisieren, und wenn ich nun kurz versuche, das Denken in philosophischen Perspektiven zu beleuchten, dann bleibt die Existenz eines Geistes sozusagen dahingestellt – aber jeder kann sich ja selbst seinen Reim dazu bilden!

Vorweg dürfte ich wohl mal ein wenig in die Knie gehen und konstatieren, dass es für einen Menschen relativ einfach ist, zu denken, dass das wie eine Gewohnheit funktionieren kann, dass es aber andererseits ziemlich kompliziert ist, das Denken beschreiben zu wollen. Ich möchte hier gar nicht auf diverse Ansätze der Philosophiegeschichte eingehen, denn es erfordert auch viel Raum und Energie, etwa einen Philosophen widerlegen zu wollen. Ich würde mich jedoch dagegen verwahren, den Menschen als Ding zu bezeichnen, und solche Positionen sind in der mitteleuropäischen Neuzeit erst seit dem 19. Jahrhundert zu finden.

Das Denken braucht als Rohstoff Erkenntnisse und ein Gedächtnis, also einen Verstand. Und Denken ist dann nicht viel mehr, als Verbindungen zwischen bereits Bekanntem herzustellen, eine innere Bewegung also, vielleicht die von außen nach innen verlagerte

Bewegung schlechthin. Und wie gesagt, meist hat dabei auch noch der Geist so ein Wörtchen mitzureden, was sich aber jeweils kaum herausfiltern lässt! Zugleich wird bei dieser simplen Darstellung aber auch die Hauptschwierigkeit sichtbar, nämlich die Anwendung des Allgemeinen der Sprache auf das Einzelne durch einen Einzelnen. Was beim Terminus Ich schon angeklungen ist, ein Bruch oder gar ein Abgrund zwischen dem Kollektiv und dem Einzelnen im Rahmen der Sprache, wird beim Denken dann in die Praxis übernommen. Möglicherweise ist der Einzelne deshalb auch ab und an unsicher, ob sein Denken auch richtig ist, aber ich meine, dass diese Spaltung beim Ich auf die Spitze getrieben wird und beim Denken eine weit geringere Rolle spielt.

In ein klein wenig veränderter Perspektive: Mit dem Denken bin ich direkt an Dinge gebunden, was mich aber nicht selbst zu einem Ding macht! Es kommt noch eine beruhigende, gewissermaßen bequeme Distanz dazu, und so könnte ich vielleicht eine einfache Beschreibung geben: Zu denken bedeutet, Worte und Vorstellungen zu bewegen. Den Terminus Vorstellung versteht wohl jeder, aber ich könnte gut philosophisch auch noch eine Beschreibung dazu liefern, etwa wie: Vorstellungen sind Abstraktionen der Illusion Dauer. Was mithin auch die Vorstellungen zu Illusionen macht und weiterhin sogar auch das Denken. Aber solche Betrachtungen nützen mir wenig, wenn ich in der Schule sitze und eine mathematische Aufgabe lösen soll! – Was ich damit sagen will: Es ist vielleicht ganz einfach, das Denken zu problematisieren, aber in der Praxis ist es dann doch irgendwie unverzichtbar!

Wie mir scheint, komme ich an dieser Stelle aber doch nicht darum herum, einen kurzen Seitenblick auf Wissenschaft und Mathematik zu riskieren! Die Wissenschaft allgemein, so ergibt sich schon aus der Struktur der Sprache, ist eine Katalogisierung der Dauer. Dass sie dann auch noch Messungen vornimmt und die Ergebnisse festhält, ist für unsere Zwecke hier schon zu spezifisch. Nur so viel: Materie ist das Ergebnis wissenschaftlicher Messungen. Die Mathematik wurde als Verbindung der Kultursäulen Sprache und Kunstfertigkeit dargestellt, und es ist ebenfalls kein Geheimnis, dass Zahlen den Rohstoff der Mathematik ausmachen. Nun dürfte ich aber eine enge Beziehung zwischen der objektiven Entität Zahl und dem subjektiven Geist behaupten, etwa dergestalt: Der Geist ist Zahl und ständiges Berechnen zeitlicher Einheiten; oder: Die Exzentrizität des Geistes ist in den Zahlen begründet. – Was jetzt selbstverständlich nicht heißt, ich kann jeden Tag so meine ganz private Mathematik für mich erfinden, aber irgendwann sind die ersten Puzzlesteine dieser logischsten aller Wissenschaften wohl auf ähnliche Weise entstanden! Und um diesen kleinen Exkurs auch schon wieder zu beenden: Die Mathematik ist die Grundlage des Glaubenssystems Denken. In jeder Person bilden sich subjektive Gewohnheiten des Denkens, welche von den persönlichen Erfahrungen geprägt sind, vom Umfeld der Person und selbstverständlich auch von der Kultur. Um dem Problem des Denkens aber dann umfassend auf den Grund gehen zu können, müssten hier auch Begriffe wie das Sein, die kulturimplizite Lüge und vor allem das Ich, welches ja bereits kurz beleuchtet wurde, mit einbezogen werden. Und es müsste, wie gesagt, die enge Verbindung zwischen dem Denken und dem Geist herausgestellt werden, die sich ebenfalls für jeden Einzelnen anders darstellt. In Summe ergäbe sich ein ziemlich fragiles, wenn nicht fragwürdiges Bild der ‚Institution‘ Denken, und wenn es mir erlaubt ist, hier noch einen fiktiven Zwischenschritt des kollektiven Denkens einzuschieben, dann auch der Kultur. In der Mathematik kann ich ganz klar denken, aber wenn ich mir überlege, welchen Zug ich morgen nehmen soll, könnte ich mich bereits irren! Streng genommen kann ich gar nicht überprüfen, ob das Ich richtig an das Kollektiv der Sprache angedockt ist, und analog muss ich auch in der Schule akzeptieren, was mir die Lehrerin vorträgt, und so fort. Denken und Wirklichkeit sind nun mal nicht dasselbe, sie klaffen auseinander! Die Gewichtungen werden in der Wissenschaft diskutiert. Aber dass das Denken ein eigenständiger Bereich ist, steht auch hier außer Frage. Ich schreibe nicht, um die Moralkeule zu schwingen, aber man kann die Ethik nicht grundsätzlich außer Acht lassen mit dem Verweis auf allgemein gültige Strukturen! Ich sollte zumindest als Einzelner dazu angehalten werden, diesem Bereich ein wenig Beachtung zu schenken, denn die Summe der Einzelnen ergibt das Kollektiv. Ich bringe meinen Mist ein, der andere seinen und so fort. Und vielleicht kommt dabei dann doch etwas Vernünftiges heraus!

Mikaela, wenn ich versuche, das Denken aus einem philosophischen Kontext heraus zu objektivieren, dann bleibt mir kaum etwas anderes als eine simple Beschreibung! Es wurde bereits erwähnt, dass das Denken eine Art Bewegung ist, eine innere Bewegung. Jetzt könnte ich eine Beobachtung hinzufügen, wie: Denken heißt sich an den Dingoberflächen entlang zu bewegen. Damit ist nur gemeint, dass das Denken nicht alles zugleich erfassen kann, sondern meiner Ansicht nach in gewisser Hinsicht zweidimensional beschränkt ist. Wenn mich der Deutschlehrer kritisiert, oberflächlich zu sein, hat das vielleicht auch triftige Gründe! Wie Du sicherlich schon bemerkt hast, möchte ich eher vermeiden, auf spezifische Wissenschaften einzugehen, denn wenn man dort nicht Experte ist, fühlt sich möglicherweise jemand auf den Zeh getreten! Aber im Hinblick auf die Physik nehme ich hier dieses Risiko: Physik reduziert die Oberflächen auf den abstrakten

Kern. Und sie kann dies, weil sie die „geistloseste" Wissenschaft ist, was immer man sich darunter vorstellen möchte!

Und dann ist das Denken ein Vergleichen, ein Sich-in-Beziehung-zu-anderen-Setzen – irgendwo wurde einmal behauptet, das sei per se Illusion! Nehmen wir zunächst aber das Vergleichen der Gegenwart mit Vergangenem: Denken ist das Abgleichen der Vergangenheit mit der Gegenwart. Dann ergeben sich daraus weitere Beobachtungen oder Schlussfolgerungen. Unter Berücksichtigung der Verwobenheit des Geistes mit dem Denken: Gedanken fesseln den Menschen an Probleme der Vergangenheit. Oder objektiviert: Die Gewohnheit des Denkens zwingt zu einem Leben ex post facto, zu einem Leben quasi im Nachhinein. Meine eigene Vergangenheit wird mir zum Verhängnis, dafür sorgt schon mein Geist! Schicksal? Ich dürfte also tatsächlich behaupten, Denken sei die unnötige Herstellung des Zustands der Dauer, oder etwas krass formuliert: Das Denken projiziert Dauer in den Kontext der Unsinnigkeit. – Derartige Aussagen lassen sich aber nur richtig verstehen im Zusammenhang des persönlichen Denkens, nicht des objektiv strukturierten Denkens! Umgekehrt kann ja ein Einzelner auch nicht die Verantwortung für die Kultur übernehmen!

Aber, um beim Thema zu bleiben! Mir ist ein sehr pikanter Satz aufgestoßen, den ich hier nicht vorenthalten möchte: Möglichkeit ist in Wahrheit eine irreale Vergangenheit. Der ist deshalb bedeutsam, weil in Verbindung mit Emotionen, welche die Sprache wiederum grundlegen, daraus das Unbewusste entsteht, von der kognitiven Seite her. Und im Kontext des Denkens würde sich ergeben: Denken ist Ausschöpfen von Möglichkeiten, die nicht existieren. Das Denken trägt dann nicht nur zu diversem Unsinn bei, es wäre geradezu konstitutiv für die Aufrechterhaltung des Unbewussten erforderlich!

Wie soll man das verstehen? Es wurde, glaube ich, bereits erwähnt, dass wir die Realität von Kindheit an im Zusammenspiel von Wahrheit und Wirklichkeit erfahren. Da wir die kollektive Seite der Sprache aber nicht persönlich abdecken können, entsteht Raum für den Geist, welcher fortan sein mehr oder weniger liebenswertes Unwesen treibt. Und Geist und Denken könnte man unter Umständen auch einmal verwechseln, wenn man nicht so genau hinschaut! Doch geht das Denken, das doch ernsthaftere, solidere Grundlagen hat, sogar noch darüber hinaus! Wenn oder wo der Geist keine Ergebnisse liefert, setzt das Denken doch zumindest interne Strukturen ab, welche dann zu unterbewussten Gewohnheiten werden können. Manchmal steht man sich auch selbst im Weg!

Mikaela, ich möchte mich hier nicht wichtigmachen, und das Verdienst des strukturellen, organisierten Denkens für die Kultur ist völlig unbestritten, aber im Zuge dieser Entstehung der Welt im Inneren kommt dem Denken ähnlich wie dem Geist doch eine etwas fragwürdige Bedeutung zu! Ganz gut wird das wohl im Wort „subjektiv" ausgedrückt! Und dabei wird auch ersichtlich, dass sich diese persönliche Problematik nicht vermeiden lässt. Das Denken beinhaltet also auch einen persönlichen Unsicherheitsfaktor hinsichtlich einer anderen Ebene, dem Bereich des Handelns und ethischen Entscheidens: Zu denken bedeutet, sich im ethischen Sinn nicht zu vertrauen. Ich flüchte auf die Ebene der Sprache und hoffe, dass dort jemand anderer für mich die Verantwortung übernimmt. Wieder etwas deutlich formuliert: Gedanken sind die Negation der bezeichneten Wirklichkeit. Und die Wirklichkeit wäre meine persönliche sprachliche Struktur in der fraglichen Situation. Somit ist das Denken auch nur eine Art Aufschieben der Gegenwart durch ein internes Korrelat, welches vorgibt, die kollektive Seite der Sprache in irgendeiner Form adoptiert zu haben; wiederum etwas kritisch ausgedrückt: durch ein stolzes Ego. Oder mit anderen Worten: Denken ist der Versuch, die Allgemeinheit in sich herzustellen.

Und dann hätte ich für diesen Brief noch ein Begrifflein am Fahnenmasten hängen, das lustig im Wind herumtanzt: die Welt. Die Welt ist der Inhalt des Bewusstseins, der Terminus Welt steht sogar an den Grenzen des Bewusstseins und es ließe sich feststellen: Das Ganze ist der illusionäre Aufhängepunkt der Welt. Die Welt ist nichts Greifbares wie der Tisch oder der Bogen Papier, und niemand weiß so genau, wo die Welt beginnt und wo sie vielleicht wieder endet. Dennoch kann man den Terminus nicht einfach ignorieren, weil ja zum Beispiel früher ganz erheblich um die Welt gestritten und gekämpft wurde! Man kann die Welt beherrschen wollen, und es ergibt sich eine Konnotation der Macht, und das alles für ein Begrifflein, welches meiner Vorstellung nach wie eine Fahne im Wind tanzt!

Spaß beiseite! Wenn ich gerade vorhin behauptete, der Mensch selbst sei das Universum, dann hat der Begriff Welt auf jeden Fall seine Berechtigung im Kontext! Er ist eben nicht so genau definiert! Die Weisen der Vergangenheit haben etwa indirekt darauf hingewiesen, indem sie das Problem „Pars pro Toto" in den Raum stellten, der Teil für das Ganze, und inwiefern diese Sichtweise erlaubt sei. Ich muss gestehen, da kann ich nicht mitreden, aber mir scheint, dass auch hier die Sprache eine unverzichtbare Rolle spielt. Ohne Sprache gibt es keine Welt, so ist das nun mal mit der Conditio humana! Ich persönlich bin ja ein friedliebender Mensch und möchte mich beispielsweise auch nicht gerne um den Begriff Welt herumschlagen, aber wenn die Welt von der Sprache abhängt, dann kann sie in dieser Art nur jeweils in Bewusstsein des Einzelnen existieren! Die Sprache als neutrale Struktur, als lexikalische und grammatikalische Entität besitzt keinen Koffer oder Wandschrank, in dem dann die Welt verstaut wäre! Jeder Einzelne hat also eine in geringfügigem Maß andere Vorstellung der Welt. Da nun die Welt mit jedem konkreten Menschen zu tun hat, würde auch ein Satz verständlich, wie: Die Welt ist in der Selbststruktur des Individuums begründet. Man kann diese Behauptung riskieren, weil schon die persönliche Sprache auf dem Sockel des Selbst aufsetzt. Und unser lieber Geist ist dann die subjektive Art, wie jemand mit seiner Welt umgeht. Andererseits lässt sich das Selbst bei weitem nicht restlos erkennen, auch nicht für das eigene Bewusstsein, und von daher ließe sich sogar ein Mythos zur Entstehung der Welt ableiten: Solange das Selbst im Dunkeln liegt, spiegelt Sprache die Außenwelt. Ein Mechanismus der kollektiven Seite der Sprache!

Die Welt ist demnach ein ganz besonders seltsamer Begriff, weil sie für etwas Kollektives steht, das nur in jedem Einzelnen existiert! Und die Energie für die Projektion der Welt kommt vom emotionalen, nicht vom natürlichen Sockel der Sprache, vom Unbewussten. So dürfte ich etwa formulieren: Der Unterschied zwischen Natur und Welt ist die Energie der Zeit. Und um mich dann gleich auch innerhalb meines Bewusstseins abzusichern: Der Unterschied zwischen Traum und Welt besteht in zeitlicher Dauer. Die Gewohnheit der Vorstellung der Welt wird von klein auf adaptiert, und ständig haben wir dabei nur eine schwammige Vorstellung vom Begriff Welt selbst!

Denken wurde beschrieben als eine Bewegung von Worten und Vorstellungen. Die Worte selbst sehen nichts, für diese Funktion springen die Vorstellungen ein. Den Unterschied zwischen Vorstellungen und Erinnerungen brauche ich hier wohl nicht so genau darzustellen, beides ist nicht ganz dasselbe, lässt sich aber vielleicht miteinander vergleichen. Solche Definitionen gehören in den Bereich der Psychologie; ich würde Vorstellungen als modifizierte Erinnerungen auffassen mit einem leichten Zusatz der Absicht, Intention. Wird die Welt als Summe aller Vorstellungen mit zeitlicher Dauer bezeichnet, möchte man jedoch möglicherweise ein wenig mehr über diesen Terminus erfahren. Und ich habe dazu nur „Gespreiztes" anzubieten: Vorstellungen sind aus Angst generierte Täuschungen der Substanz. Substanz, wurde oben dargestellt, ist das Ergebnis eines subjektiven Reflexionsprozesses, welches dann vielleicht abgespeichert wird. Und die Vorstellung basiert darauf, noch dazu im Zustand emotionalen Getriebenseins und, streng genommen, soll es sich dabei auch noch um eine Täuschung handeln! Von weitem tönt hier der Hindu-Begriff Maya herein: Die Welt ist ohnedies nur eine Illusion, eine morgenländische Fata Morgana! – Aber genau darum geht es auch beim Begriff Welt, um ein seltsames Zusammenspiel von objektiver Realität und nicht näher definierbarer Illusion, welche sich unter einem Aspekt auch als eine Illusion der Überwindung des Todes entpuppt. Die Welt ist allgemein kommunizierbar, aber sie ist nicht allgemein definierbar, sie verspricht Hoffnung und hat sie doch noch nie eingelöst. Die Welt ist eine Art Gegenstück zur Religion, zum Übersinnlichen ganz allgemein, und doch sind auch die Religion und eine etwaige übersinnliche Erfahrung Teile der Welt!

Doch zurück zur Vorstellung! Obwohl ihnen ein Unsicherheitsfaktor anhaftet, liegen Vorstellungen meiner Ansicht nach näher an der Natur als sprachliches Denken. Und zugleich entspringen sie aus einer Ungewissheit über die Natur, auch in Bezug auf die innere Natur, das Selbst. Aber ähnlich wie Emotionen haben sie ihre Substanz in der Relation auf das Selbst hin! Möchte ich einer Vorstellung auf den

Grund gehen, erfahre ich vielleicht mehr über mich selbst! Aber ich muss es zulassen, in den seltensten Fällen ist dies ein aktiver Prozess! Und zur Vorstellung der Welt ließe sich noch, ähnlich wie schon im Kontext des Verstandes, des Denkens und des Geistes sagen: Die Vorstellung der Welt ist wesentlich vom Motiv Besitz bestimmt.

Über den Inhalt der Welt muss ich mich wohl nicht eigens auslassen, die Welt umfasst alles, was ist, mit Ausnahme des Schöpfers vielleicht, aber derartige Spitzfindigkeiten überlasse ich gerne der Religion! Ich bin also auch in der Welt drinnen mit meiner sprachbedingten Schizophrenie, und möglicherweise könnte man diesen Sachverhalt so beschreiben: Im Rahmen der Welt kämpft das Selbst als Ich gegen das Selbst als Nicht-Ich. Auf die Gefühlsebene übertragen: Welt ist ein Analogieschluss der subjektiven Befindlichkeit; in Bezug auf Emotionen: Die Maschine Welt wird durch Unbewusstes am Laufen gehalten. Weiter oben wurde bereits formuliert: Erkenntnis der Welt beginnt mit der Auflösung des Geistes im Nichts. – Die Welt hat also den Anspruch einer objektiven Entität, aber sie ist vielleicht die einzige objektive Entität, die nicht genau definiert ist! Erkennen und Verstehen sind nicht dasselbe: Verständnis der Welt verlangt das Aufsaugen ihrer Brutalität. Ganz leicht erinnert mich das an meine Vorstellung vom Kraken beim Ich! – Auf die Strukturebene bezogen: Der Begriff Welt ist die Veranschaulichung des Adjektivs „abstrakt". Und schließlich noch mit der sprachlichen Kommunikation: Die Welt ist die größte aller Erzählungen. Nichts hat Bedeutung.

Herzliche Grüße,

Erich Maier

Liebe Mikaela,

irgendwann während meiner wilden Studentenzeit lieh ich aus der Bibliothek ein Buch von Henri Bergson mit dem deutschen Titel „Zeit und Freiheit". Der Jesuit Bergson ist einer der ganz wenigen Philosophen, welche den Nobelpreis erhielten, allerdings in der Kategorie Literatur. Ich blätterte also in meiner faden Studentenbude, verstand kaum etwas, aber immerhin fiel mir auf, dass der Autor ein ganzes Kapitel mit dem Wort „Dauer" überschrieben hatte. Und irgendwann dämmerte mir, dass es vielleicht tatsächlich berechtigt ist, dieses Wort neben der Zeit gesondert herauszustellen.

Dauer ist die Verzerrung der Wahrnehmung zur Langeweile hin. Setzt man voraus: Die Zeit ist für die Wahrnehmung, was das Ich für das Bewusstsein ist; dann ergibt sich hier schon der enge inhaltliche Konnex dieser beiden Begriffe. Und das Wort Dauer hat eine Menge psychologischer Implikationen! Will man jedoch feststellen, was früher war, drängt sich dem Überlegen die Dauer auf. Ich dürfte vielleicht ein wenig geschraubt philosophisch formulieren: Zeit ist das Trauma der Relativierung der Dauer der Dinge – und damit wäre diese Frage geklärt! Bei näherem Hinsehen zeigt sich jedoch, dass die Dauer eine Entität ist, die mehr Fragen aufwirft als beantwortet und es der Logik nicht ganz so einfach macht, wie man sich das vielleicht wünschen möchte. Eine Verbindung zum Tod wurde, glaube ich, bereits erwähnt. Dass die Sprache Dauer suggeriert, dass Dauer für die Worte konstitutiv ist, ebenso. Und nicht erst seit Einstein wissen wir, dass Dauer relativ ist in Bezug auf Dinge und natürlich auch auf Menschen. Dauer ist also eine Illusion.

Zu einer möglichen Entstehung der Kognition Dauer könnte man spekulieren: Dauer wird suggeriert durch vom Menschen geformte Gegenstände. Die Form ist also die Grundlage, das materielle Substrat der Illusion Dauer. Umgekehrt muss man jedoch festhalten, dass der Begriff Form seinerseits eine Abstraktion von Dauer ist, und man sich also in einer Art Zirkelschluss befindet. Was war jetzt früher, eine künstliche Form oder die Dauer? Was war früher, ein Wort oder ein Ding? – Werden wir wohl nie erfahren!

In psychologischer Perspektive bedeutet Dauer ein Festhalten des vergangenen Zustands, aus welchen Gründen auch immer. Und die Erinnerung wäre dann quasi ein chemischer Katalysator der Funktion Dauer. Der Verstand begünstigt oder fördert die Kognition Dauer, hat aber am Ende dann ein Problem mit der Akzeptanz des Todes! Eigentlich alles ganz simpel, linear, wie die Zeit! Mir ist doch tatsächlich auch ein Sätzchen in diesem Kontext aufgestoßen: Linearität entspringt aus gegenläufigen Bestrebungen. Etwas zieht nach links, ein anderes nach rechts; etwas zieht nach vor, das andere zurück. Und dabei kommt unter anderem die Zeit heraus! Ein psychologischer Prozess. Wenn ich ganz genau sein möchte, und als ehemaliger Streber bin ich noch immer damit infiziert, dann könnte ich auch bemerken: Der Blick auf die Uhr ist die Feststellung der Illusion Dauer; die Uhr selbst symbolisiert Dauer, die abgelesene Zeit ist im nächsten Moment schon vorbei.

Von der Entstehung her ist Dauer Ergebnis konventioneller Anstrengungen, Konventionen im weitesten Sinn. Auch die Herstellung eines frühen Werkzeugs findet unter Beimengung konventioneller Elemente statt. Und die Sprache per se ist eine Konvention. In dieser Hinsicht ist Dauer ein ausgezeichnetes Element des menschlichen Wachzustands. Aber es ist dennoch nicht ganz einfach, eine handfeste Begründung der Notwendigkeit von Dauer zu finden! Dabei kommt man, wie gesagt, leicht in den psychologischen Bereich hinein, etwa: Dauer ist die ängstliche Vorwegnahme einer Wiederholung. Sehr spekulativ und nicht unbedingt die logische Begründung einer Tatsache! Oder, dort anschließend: Dauer ist die Furcht vor dem eigenen Unvermögen, zu leben. – Und dann ist es aber schon eine logische Konsequenz, den Tod hinausschieben zu wollen! Steht aber offensichtlich auf sehr wackeligen Beinen! Oder ein weiteres Problem: Dauer ist das paradoxe Eingeständnis der eigenen Schuld. Hier treffen sich Ethik und Moral mit der Psychologie, dem trivialen Alltag bis hin zur Zivilisation und Kultur, welche sich irgendwann zu weit von der Natur entfernt haben, was sich gegenwärtig im Klimawandel manifestiert. Dabei ist die Dauer eine ganz simple Größe, Delta-t, der Unterschied zwischen zwei Zeitpunkten!

Jetzt könnte ich hier noch ein wenig einhaken und die Zeit aus der Perspektive der Dauer beleuchten. Ich bin, psychologisch betrachtet, etwas unsicher und deshalb ganz froh, das Hilfsmittel Dauer zu haben, denn vielleicht findet sich ja später eine Lösung für … irgendwas. Wenn ich das jetzt auch noch überspitze, und die anderen denken ja im Prinzip wie ich, dann dient die Dauer vielleicht sogar dazu, die Zeit auf die Vorstellungen anderer zu verschieben. Dazu müsste man allerdings versuchen, die Zeit schnell in einem Satz zu definieren, was nicht so ganz einfach ist! Aber sie ist eine Art persönlicher, innerer Fügung, eine Art Fügung von allem, was gerade ist. Und auch das, offensichtlich ein grundlegend persönlicher Ansatz, lässt sich auf andere verschieben, von der objektivierten Zeit gar nicht zu sprechen! Und umgekehrt, aber immer noch mit derselben Gedankenhaltung oder Disposition innerer Unsicherheit dürfte man dann von der Zeit feststellen, sie sei der vergebliche Versuch, Dauer zu realisieren.

Dauer ist und bleibt eine Illusion! Und um das Ganze dann zu resümieren und quasi als Sahnehäubchen: Alles, was wir haben, ist Dauer, die Illusion einer Zeit.

Die Dauer legt sich also wie eine Art Schleier auf das Bewusstsein – und dann ist alles so, wie es sich gehört. Insofern ist Dauer eine Art innerer Ausdünstung des Verstandes, ein Hinweis, dass sich der Verstand wichtiger nimmt, als er ist. Aber, wie bereits moniert, alle denken so, und in Summe ergibt sich daraus die gesamte Kultur. Wenn das Bewusstsein dann aber die Dauer selbst thematisiert, steht es quasi vor dem Nichts oder einem Rätsel, welches der Verstand nicht zu lösen in der Lage ist. Mit dem Denken kann man den Tod nicht bezwingen, aber man kann unter Umständen Schritt für Schritt lernen, ihn zu akzeptieren!

Dauer bedeutet grundsätzlich eine Art Eingrenzung, zunächst eine zeitliche Festlegung, dann aber auch ein Hinein-Strahlen in das Räumliche. Und sogar auf dem neutralen Boden der Sprache hinterlässt Dauer ihre Spuren bezüglich Subjekt und Objekten. So könnte ich formulieren: Dauer ist die Interpretation der Objekte als Schicksal. Ein Hinweis darauf, dass mit Objekten Emotionen verbunden sind! Und das Wort Schicksal lässt sich erläutern als Übermacht des dem Subjekt nicht Verfügbaren. Jetzt ist ein Hocker, der mir vielleicht im Weg steht, nicht unbedingt ein Schicksal für mich, aber selbst bei diesem trivialen Beispiel ist der Gebrauch des Wortes erlaubt. „Schuld" ist der Gedanke der Dauer, und Schuld wiederum darf ich auch als verzweifeltes oder ohnmächtiges Festhalten an Möglichkeiten für mich beschreiben, was dann abermals einen Rückschluss zur Dauer darstellt, eine illusionäre Kreisbewegung, aus der man offensichtlich dennoch nicht so ganz einfach hinauskommt! Den vielleicht etwas unvermittelten Schlüssel zur Lösung liefert das unscheinbare Wort Leere. Diese bedeutet einen vorübergehenden Zustand des Bewusstseins, der Wahrnehmung, in dem die Grenzen der Dinge aufgehoben sind, sowohl in räumlicher als in der Folge dann auch in zeitlicher Hinsicht. Man sieht sozusagen, was ist, aber die Grenzen haben seltsamerweise keine Bedeutung, man sieht irgendwie darüber hinaus oder durch die Grenzen hindurch, Leere eben und als Schlussfolgerung eine Manifestation der Natur oder eben auch einer übernatürlichen Einheit. Die Leere wäre dann das Gegenteil der Dauer, ist aber selbst nicht dauerhaft, denn dann hätten alle Objekte ihren Wert, der ja aus Dauer resultiert, verloren.

Als vorläufige Zwischenbilanz zur Dauer lässt sich also feststellen: Über die Sprache ist Dauer die Grundlage der Manipulation des Lebens. Anhand der Konventionen wird der zu vermeiden beabsichtigte Tod materialisiert und Dauer sozusagen festgeschrieben. Und für die Einzelnen gilt ungeachtet des Aufwands wohl nach wie vor: Das Einzige, wovor sich die Menschen wirklich fürchten, ist Dauer. Dadurch wird in einer seitlichen Abzweigung auf die Entstehung der Welt im Zusammenspiel von Wahrheit und Wirklichkeit verwiesen, auf die Ebene der Ethik, auf einen Bereich, in welchem die Dauer die Tendenz hat, sich auf den gegenwärtigen Moment zu konzentrieren. Blendet man diesen Bereich aus, dann könnte die Welt in dramatischen Farben gemalt werden: Die Hölle auf Erden wird durch die Illusion Dauer entfacht. Oder etwas rationaler: Der Dauer zu vertrauen gleicht dem Setzen auf ein sinkendes Boot. Jeder neue Moment macht die Dauer unwahrscheinlicher, aber die Realität besteht aus Dauer, und das wird wohl auch noch in Millionen von Jahren so sein!

Sich mit der Dauer zu beschäftigen, heißt Wissenschaft treiben und im engeren Sinn philosophieren. Das macht das Ganze aber nicht handfester, in Bezug auf Objekte ist die Dauer relativ, letztendlich eine Illusion, in Bezug auf die Sprache ist sie konstitutiv, und das macht wieder die Sprache zu einer Illusion. Und das Objektivieren von Dauer schafft Raum für den Geist und alle Konsequenzen, auch des kollektiven Geistes.

Oben wurde gesagt, Form sei das materielle Substrat der Illusion Dauer. Von dort ausgehend lässt sich weiterführen: Wert ist die Abstraktion von Form, der Dauer zugeschrieben wird. Klingt jetzt ein wenig theoretisch, lässt sich aber in jedem beliebigen Ramschladen verifizieren. Ich muss jetzt ein wenig aufpassen, denn schließlich komme ich da unmerklich ins Gebiet der großen Weltwirtschaft hinein! Ist aber nicht so gemeint! Um auch hier die Verbindung zur Dauer zu wahren, darf ich festhalten: Werte sind der vergebliche Versuch, den Tod zu übertölpeln. Kollektiv betrachtet gibt es dann aber auch die Struktur Geld, eine Konvention, die gesetzlich geregelt und abgesichert ist. Über Geld braucht man nicht zu scherzen, vor allem, wenn man selbst keines hat, aber ich könnte mir ja auch so meine Gedanken sogar zu diesem Thema machen, als da wären: Geld ist gesetzlicher Ausdruck der geistigen Relationen. – Nun, dann hängt das Ganze ja ziemlich in der Luft! Aber um gleich wieder ein wenig konkreter zu werden: Geld ist der materielle Ausdruck der Illusion Dauer. Und wie gesagt, von der Dauer driftet man leicht ins Psychologische hinein und landet am Ende noch bei unbewussten Emotionen: Geld ist eine Abgeltung für das Niveau von Angst, das wir haben. Oder: Geld ist eine nachträgliche Festschreibung der Emotion Angst. Wie gesagt, hier sollte schon zwischen Gedanken und der Realität unterschieden werden, der Blick auf mein Konto spricht da für sich! Aber die Struktur oder Konvention Geld eignet sich auch für philosophische Spekulationen. Ich könnte so etwa trocken und emotionslos formulieren; Geld ist ein leeres Versprechen, das wie die Sprache alle betrügt. Ist kein brandheißer Angriff, sondern eher eine Ableitung von der Sprache! Selbstverständlich hätte ich auch gerne ein dickes Konto, und vielleicht trägt sogar dieser Text dazu bei, ein paar Schritte in diese Richtung zu gehen, aber objektiv ist das Geld eine menschliche Erfindung und kann auch wieder abgeschafft werden, ist nur eine Frage der Konventionen! Realistisch betrachtet, wird das in Jahrhunderten nicht der Fall sein, denn solche Prozesse benötigen Zeit. Und es würde mit Sicherheit alles zusammenbrechen, wenn man gegenwärtig den Saft Geld aus dem System nähme! Aber wer weiß, was den Aktivisten noch so alles einfällt? – Man sieht schon, es wird hier höchst spekulativ, und das beim wohl ernstesten Thema des menschlichen Alltags, mit Ausnahme vielleicht von einigen Themen, die nur inoffiziell diskutiert werden!

Um mich hier binnen kurzer Zeit noch einmal zu wiederholen: Alles, was wir haben, ist Dauer, die Illusion einer Zeit. „Wir haben" strahlt von der Sprache ins Materielle hinein, macht aber, wie gesagt, die Dauer nicht greifbarer! Deshalb möchte ich hier noch ein paar Worte zu Konventionen anfügen. Gesetze sind Konventionen, Normen und so weiter bis hin zur Sprache und mathematischen Regeln. Dann lässt sich einfach erkennen: Eine gültige Konvention ist für den Einzelnen bindend. Zwei plus drei ist eben fünf, daran kann ich nichts ändern! Und zugleich darf ich aber auch anfügen: Konventionen sind nur für Menschen bindend, nicht für die Natur. Und als Mensch habe ich auch meinen natürlichen Anteil! Stellt sich die Frage, woher Konventionen eigentlich stammen? Und da fällt die Antwort, welche sich mir darbietet, einigermaßen ernüchternd aus: Die einzige Begründung aller Konventionen ist Gewalt. Nun, das erinnert wohl an graue Vorzeiten, könnte aber auch rational oder zeitnah-emotional betrachtet werden. Eine Umschreibung der Gewalt wäre: Gewalt ist das

Manipulieren von Natürlichem zu Dauer. Etwas Greifbares, sich Veränderndes wird zu einer Idee. Und der unvermeidliche psychologische Aspekt: Gewalt ist Ausdruck eines Übermaßes an subjektiver Angst; sie hängt unmittelbar mit selbst erduldetem Leid zusammen. – Was im subjektiven Fall alles andere als eine Entschuldigung ist! Aber es ist schon erstaunlich, von der Dauer kommt man über Pretiosen zum Geld und von da über Konventionen zur Gewalt. Und das alles im Zeichen einer Idee!

Mikaela, zu Beginn dieses Briefes erwähnte ich ein Buch Bergsons mit dem Titel „Zeit und Freiheit". Das Wort Freiheit schwingt wohl in allen Briefen ein wenig mit als vage Zielvorstellung persönlicher Art. Man möchte sich vielleicht von zwanghaften Notwendigkeiten befreien oder wünscht sich das zumindest. Im Grunde geht es dabei wahrscheinlich nur um unangenehme Situationen, die Elemente enthalten, welche auch in anderen Situationen wiederkehren, die daher möglicherweise mit mir selbst zu tun haben, aber das weiß ich nicht so genau! Zumindest meinem bewussten Denken scheint sich die Materie zu entziehen. Gibt es eine vollständige Freiheit überhaupt? Könnte man etwa von absoluter Freiheit sprechen? Und im Grenzbereich zur Spiritualität: Wie verhält es sich mit dem freien Willen?

Das sind Dinge, die wohl jeden Menschen irgendwann irgendwie bewegen, auch wenn er sich nicht logisch-propädeutische Gedanken darüber macht. Für mich stellte sich nach meinen unbedeutenden, persönlichen Erfahrungen das Wort Freiheit ein wenig anders dar als zuvor. Zuvor war es vielleicht eine Art letzte Triebfeder gewesen, aber eher kommunikativer Art. Danach erschien mir das Problem etwas übertrieben. Freiheit ist ohnedies vorhanden, zumindest in demokratischen Gesellschaften, man muss es nur zulassen, sie wahrzunehmen! Das einzige meiner Sätzchen, welches dieses Thema betrifft, lautet: Freiheit ist nichts Politisches, sondern das Wesen der Existenz. Politisches möchte ich in diesem Text nicht abdecken, das Wort Wesen verweist für mich auf natürliche Eigenschaften, und mit der Existenz sollte ich mich nun vielleicht noch etwas näher beschäftigen!

Da im Kontext der Dauer das Wort Interpretation schon mal Platz fand, liegt es gewissermaßen auf der Hand, hier anzuschließen: Existenz ist die Interpretation eines Menschen als Ding. Von da ist es nur ein kleiner Schritt zur Feststellung: Existenz ist die Außenbestimmung eines Individuums. Ich habe mir übrigens ein weiteres Buch aus der Bibliothek ausgeborgt, eine nette Zusammenschau von Thomas Seifert mit dem Titel „Existenzphilosophie". Was sonst äußerst selten vorkam, passierte mir bei diesem Buch, die Lektüre machte mir ein wenig Spaß oder interessierte mich. Es ist schon ein seltsames Problem, Existenz bedeutet wörtlich nichts weiter als das bloße Vorhandensein. Und zum ersten Mal wurde der Themenkreis ernsthaft in Bezug auf den Menschen diskutiert ab der Mitte des neunzehnten Jahrhunderts! Das Wort gibt es selbstverständlich schon länger, und die Theologen zerbrachen sich wohl den Kopf über die Existenz und Essenz von Entitäten, aber sozusagen die bloße Existenz des Menschen als Einzelwesen fällt erst im neunzehnten Jahrhundert auf oder in die Waagschale. Und sie wird ebenso selbstverständlich zunächst dramatisiert gesehen oder auch dargestellt. Und so dauert es wohl bis nach dem Zweiten Weltkrieg, bis man sich nüchtern mit dem Wort beschäftigte, und nach ein, zwei Jahrzehnten war das auch wieder vorbei. Für mich persönlich, und da bin ich nicht sehr akademisch unterwegs, stellt die Existenzphilosophie die letzte allgemeine Epoche der europäischen Philosophiegeschichte dar, ehe Einflüsse der amerikanischen Sprachphilosophie überschwappten und sich das Ganze später in die Postmoderne verflüchtigte.

Aber worum geht es überhaupt? Die Existenz scheint mir ein Zwitterbegriff zu sein, bestehend aus den hard facts der objektiven Gegebenheit und andererseits aus etwas in die Tiefe Reichendem, das nicht so genau definiert ist. Wie kommt es dazu? Nun, um das Rezept fertigzustellen, braucht man ein paar Zutaten, und dazu gehören das Ich, das Bewusstsein und wohl auch der Geist. Die Existenz spielt also irgendwie auch mit der innersprachlichen Bruchlinie zwischen dem persönlichen Anteil und dem Kollektiv und verfolgt diesen Bruch bis hinunter auf die emotionale oder Gefühlsebene, ehe sie sich dann in Form von Attributen manifestiert. Ich habe Anteil an der Existenz, und zwar nicht nur in passiver Art über objektiv nachvollziehbare Zuschreibungen, sondern mein Selbst, die Natur navigiert durch das Zusammenspiel oder die Zusammengehörigkeit des Ganzen und nimmt so Einfluss auf die Zuschreibungen, die mich dann von außen treffen oder mir zukommen. In der Technik gibt es, glaube ich, die Homöostase oder dann auch kommunizierende Gefäße, in der Natur werden auf die Art vielleicht Tatsachen geschaffen, schon ehe sie dann auf konventionelle Weise erfasst und dargestellt werden. Klingt mystisch, aber man braucht ja nur bei Kierkegaard nachzulesen: „Spring! Ins Universum …", oder wenn Nietzsche vom Tod Gottes kündet, der die Dinge auch nicht einfacher macht, im Gegenteil! Das natürliche Verständnis der Existenz verweist dann mit einfacher Logik auf die Freiheit, die über das Ich sozusagen auch an die anderen gebunden ist: Der Begriff Freiheit ist nur in Bezug auf den anderen schlüssig. Die Existenz ist für den Verstand ein Rätsel, und vielleicht wird sie auch deshalb so nachvollziehbar artikuliert! Mein Kontostand, mein Geburtsdatum, mein Beruf, Familienstand und so weiter.

Vordergründig wird die Existenz durch die Allgemeinheit bestimmt; Existenz ist die Abhandlung der Dingeigenschaften des Menschen. Und für diesen stellt sie dann die Form dar, in welche er sein Leben, seine Natur hineinzwängt. Die Existenz lässt sich so mathematisch exakt definieren. Aber das ist eben nur die halbe Miete! Schon das Bewusstsein besteht in der Spannung zwischen Natur und Existenz. Und das dann in die Tiefe verfolgt, kommt zu einem Schluss wie: Existenz bedeutet, ich bin bereit, die Zeit zu akzeptieren. Die Zeit, die Fügung von allem der Gegenwart – die Existenz beinhaltet also auch Irrationales und natürlich auch Unterbewusstes, und das nicht zu knapp!

So kommt der Einzelne dazu, sich mittels des Denkens, der Vorstellungen in die Existenz zu versetzen. Das Denken kann irren, Vorstellungen können auch falsch sein: Falsche Vorstellungen binden einen Menschen an die Existenz. Denn: Falsche Vorstellungen nehmen Bezug auf den Schatten anderer. Und mit Schatten sind hier die falschen Überzeugungen eines Menschen gemeint. Wird kompliziert, zugegeben, aber so ist das mitunter ja auch in der Existenz! Die Existenz, um wieder etwas nüchterner zu werden, ist einfach die Rückmeldung, welche mir die Außenwelt in Bezug auf mich selbst gibt. Und selbstverständlich habe ich auch Geheimnisse … Aber im Prinzip lasse ich mich darauf ein, muss ich sogar zum Teil, aber ich tue das auch mechanisch, gewohnheitsmäßig! In der gegenwärtigen Situation fasse ich die Existenz als einen Kurzschluss zwischen Aktion und Rezeption auf, eine zwischengeschaltete Außenmeldung, zwar nicht wissenschaftlich fundiert, aber immerhin! Und dann ist es aber kein Wunder, dass ich mich vielleicht von dem einen oder anderen existenziellen Merkmal befreien möchte, ohne zu sehen, dass es möglicherweise aus meinen eigenen Tiefen stammt.

Um das Thema Dauer noch abzurunden, sollte ich ein wenig auf den Willen eingehen, und ich tue das mit zittriger Hand! Der Wille ist die Verwobenheit eines Menschen mit der Dauer. Beim Wort Mensch klingt auch der Verstand an, die Gefühle, seine Natur. Aber wenn man den Willen so umschreibt, bleibt kaum etwas für ihn übrig! Wie wenn man ein Pulver einer chemischen Substanz hätte, dessen Körnchen sich in dem Fall allerdings zeitlich verteilen, wobei das einzelne Körnchen kaum ins Gewicht fällt! In unserer Kultur wiegt der Wille so schwer, dass man erst Teile demontieren müsste, um an die eigentliche Substanz zu kommen! Ein vielleicht triviales Beispiel, aber immerhin: das Wort Trieb. Jetzt bin ich kein Tiefenpsychologe, aber zum Trieb ist mir sogar ein Sätzchen eingefallen: Triebe sind angenommene Vermengungen von Geist und Gefühl, oder eben umgekehrt von Gefühl und Geist. Wie in der Chemie. Zwei Pulver von verschiedenen Substanzen werden zusammengegeben und vermischt, mit dem Fachausdruck: vermengt. Man könnte sie vielleicht auch wieder trennen, bevor sie miteinander eine Reaktion eingehen. Aber das Pünktchen dabei ist, bei dieser Umschreibung des Triebes kommt der Wille gar nicht vor! Negativ okay, und positiv? Wille ist ein natürlicher Impuls im Feld der Abstraktion. Das sagt wieder nicht allzu viel aus, aber immerhin bekommt der Wille mit dem Attribut „natürlich" eine positive Färbung. Der Wille ist eine Erhebung im Energiefeld des Denkens. Eine Ausbuchtung an der Mikrostrukturoberfläche eines Stoffes im Elektronenmikroskop. Stellt man sich das als kleine Welle in einer bewegten Flüssigkeit vor, wird auch die Relativität der Dauer ersichtlich. Eine Welle hebt sich und verschwindet wieder.

Vorhin war die Rede von der Existenz, wo Konventionen auf ein

Individuum angewendet werden. Nun kann das Individuum versuchen, selbst an diesen Konventionen herumzubasteln, und dabei hilft ihm unter Umständen der Wille! Es spielt also auch hier der sprachbedingte Bruch zwischen dem Einzelnen und einem angenommenen Kollektiv herein! Aber der Wille scheint sich darüber hinwegzusetzen, oder anders betrachtet, er ist so punktuell organisiert, dass die Teilung des Ganzen dabei kaum ins Auge fällt. Etwas allgemeiner formuliert, es bringt vielleicht nicht viel, wenn man sich den Willen allzu aufgebläht vorstellt, auch wenn das die sprachlichen Konventionen implizieren sollten!

Und vielleicht noch ein angrenzender Bereich: die Möglichkeiten. So könnte ich den Geist etwa im Kontext auffassen als einen Willen, der aus unbewussten Fehlhaltungen kommt. Das Unbewusste wiederum ist eine Ansammlung von Möglichkeiten, die sich nicht realisiert hatten. Der Geist kann, und das ist doch auch spekulativ, in seiner Verlegenheit eine solche Möglichkeit herauspicken und als Quasi-Standpunkt präsentieren. Und dann geht man wohl in die Irre ... Sieht aus wie der Wille, ist es aber nicht! Der Wille verfügt über das Attribut „natürlich". Und doch darf man wohl auch eine positive Beziehung zwischen den beiden konstatieren: Der Wille ist der Steuermann des Geistes auf dem Fluss der Zeit. Und sofort besteht wieder die Gefahr, den Willen zu überschätzen und damit auch zu überlasten! Ein wenig psychologisierend: Wille ist die Furcht des Ausgeliefertseins an eine fremde Macht. Und eine etwaige Folge davon: Wille ist der Vorsatz, die Illusion zu manipulieren. Ob das gelingt? Im Mikrobereich vielleicht schon! Im Rahmen des Ganzen wäre auch eine andere Perspektive möglich: Wille ist das Streben der Dinge nach dauerhafter Erlösung. Existenz einmal von den Sachen her betrachtet! Der Schluss: Der Wille zielt illusionär auf die Erhaltung des Lebens. Man kann dem Willen den guten Willen nicht absprechen, aber …

Und noch einmal zur Psychologie, wie das die Dauer ja wohl so an sich hat: Das paradoxe Ziel des Willens ist Befreiung von Angst und Stolz. Diese beiden Emotionen bilden, wie schon erwähnt, das Unbewusste. Der Wille möchte also mithin das Bewusstsein vom Unbewussten und damit auch vom Geist befreien. Das kann ja wohl nur eine natürliche Entität! Aber wie gesagt, der Wille besteht aus lauter kleinen Willen, die kaum ins Gewicht fallen. Und mitunter kann man auch irren, den Geist für den Willen halten, und so fort. Der Wille ist also … ein Wille. Hat das Bewusstsein aber sein Ziel erreicht, dann erhält der Wille als Belohnung das Attribut frei: Ein freier Wille ist die Belohnung für das Erlöschen der Zeit.

Herzliche Grüße,

Erich Maier

10. August 2020

Liebe Mikaela,

wie geht es Dir? Dieser Sommer ist ja durch die Umstände doch
etwas anders als die anderen!

Der letzte Brief mit der Dauer ist mir noch ein wenig im Kopf
geblieben, und ich möchte zunächst einmal dort anschließen, und zwar
mit dem Wort Besitz: Besitz ist eine illusionäre Herstellung von
Dauer. In dieser Hinsicht ähnelt der Begriff der Sprache, bezieht sich
dann aber auf etwas Konkretes, Objektives. Ich müsste mich nicht
eigens mit diesem Wort befassen, aber es verweist einerseits auf
Emotionen, welche in der Folge angesprochen werden, und
andererseits kann man dieses oberflächliche Wort bis in die Tiefen des
Unbewussten hinein verfolgen, wo es dann vielleicht die Spuren neuer
Aufschlüsse zulässt.

Ähnlich wie Worte im ideellen Bereich der Sprache hat auch Besitz
in einem Aspekt die Funktion der Abgrenzung. Mittels Objekten, und
diese können auch „geistige", abstrakte sein, grenze ich mich von
anderen ab. Und ähnlich wie die Worte letztlich zu den Strukturen der
Sprache führen, wird der objektive Besitz durch Gesetze geregelt,
wobei vielleicht sogar verallgemeinert werden kann: Gesetze sind der
Mechanismus der Abgrenzung von anderen. Nun bin ich kein Jurist
und maße mir auch keinerlei Kompetenzen an, aber der Ausdruck
Besitz scheint mir dem Gesetz nach ziemlich klar geregelt zu sein,
sodass es sogar ein Laie versteht, etwa zwischen Besitz und Eigentum
zu unterscheiden. Das ist, wie gesagt, hier jedoch nicht meine
Motivation! Ich möchte dagegen eher auf den Geist verweisen, der

durch eine Kognition des „Ich will haben" in Bewegung gehalten wird. „Ich will", so könnte ich konstatieren, ist der größte Betrug der menschlichen Kulturgeschichte, weil die beiden Worte von ihrem abgedeckten Inhaltsbereich her, genau besehen, nicht miteinander verträglich sind. Im Alltag ist diese Phrase aber gang und gäbe, und das ist auch gut so, denn dadurch wird man in die Sphäre des Unbewussten katapultiert, wo auch der Geist ab und an vorbeischaut, wo sprachbezogene Emotionen residieren und wo die kollektive Seite des Sprachanteils eine nicht ganz korrekte Basis findet. Worte haben einen kollektiven Anteil, aber mit der Kognition Besitz wird dieser viel handfester, objektiv ausmachbarer. Wenn ich mir also simplifizierend vorstelle, vor einer Spalte, welche mehrere Schichten durchdringt, befinde sich mein persönlicher Anteil und dahinter der kollektive Bereich, dann könnte ich mittels konkreter Besitzobjekte sozusagen in diesem kollektiven Bereich herum werken, und zwar in den tiefliegenden Schichten der Emotionen und des Unbewussten. Und von da läge dann der Schluss nahe, sich um eine korrekte, allgemein verträgliche Sprache zu bemühen, weniger im grammatikalischen Sinn, aber durchaus auch mit ethischen Implikationen. – Irgendwie schon seltsam, wenn man vom Besitz eine Verbindung zur Ethik zieht!

Wenn ich mich mittels eines Besitzobjekts in der kollektiven Sphäre befinde, ist auch ein Satz zulässig wie: Der Geist ist ein ständiger Stellvertreter anderer für Besitz. Nur bedarf das, wie erwähnt, einer Regelung, und dann könnte ich wiederum auf mich selbst zurückbezogen feststellen: Das menschliche Leben wird durch Besitzverhältnisse geregelt. Und hier kommt eben die Verbindung von der Sprache über die kognitive und Strukturwelt bis zur emotionalen Sphäre ins Spiel. Ich kann mich freiwillig bemühen, das Ganze positiv oder vernünftig zu handhaben, und da das aber nicht bei allen jederzeit vorausgesetzt werden kann, mich selbst eingeschlossen, sind eben Regelungen erforderlich! Aber ich kann durch einen nicht anhaftenden Umgang mit Besitz für mich selbst sogar die emotionale Basis der Sprache ausschalten, das Unbewusste, was jedoch keine Aufhebung des Besitzes und der damit verbundenen Regelungen bedeutet.

Jedes konkrete Objekt enthält sozusagen mehrere Konventionen in sich, ein künstliches vielleicht sogar zahlreiche, ausgehend von oder bis hin zur Sprache. Konventionen haben, wie schon erwähnt, einen emotionalen Anteil, und so wird durch ein Besitzobjekt der kollektiv-emotionale Bereich einer Person aktiviert, und daran nimmt definitionsgemäß auch der Geist teil. Wenn irgendein Objekt zu meinem Besitz gehört, wird es ein besonderes Objekt für mich und fordert, wie gesagt, meinen Geist und stellvertretend die kollektiven Emotionen heraus. Ich kann mir jetzt dies und das von diesem Objekt versprechen, und vielleicht liegt auch ein Reiz darin, die kollektiven und persönlichen Anteile miteinander in Beziehung zu setzen. Der kollektive Anteil ist dabei nie vollständig erfassbar, liegt, bildhaft gesprochen, immer ein wenig im Schatten, aber das ist ja auch eine Voraussetzung für die Existenz des Geistes! Worauf ich hinaus will: Man erwartet sich von einem Objekt, das man erwirbt, meist wohl etwas Positives in irgendeiner Hinsicht. Das Urbild dazu wäre wohl Nahrung, die man an oder zu sich nimmt, und dann halt diverse künstliche Gegenstände. Der kollektive Anteil impliziert aber Gewalt, eben über Konventionen, und dann kommt es zu dem doch etwas seltsamen Phänomen, dass man über Besitzerwerb unter Umständen Schmerzen vermeiden möchte, und das sozusagen prophylaktisch und in der Sphäre der unterbewussten Vorstellung, vulgo „geistig". So wurde um Besitz immer schon gekämpft, etwa auch um Grund und Boden, und man kann wohl die vielleicht unerwartete Feststellung treffen: Besitz ist verfestigte emotionale Brutalität.

Jetzt möchte ich aber nicht ein vornehmlich negatives Bild der Struktur Besitz zeichnen angesichts einer Welt, in der die kollektiven Strukturen Faktoren wie Eigentum und Besitz zu Grundwerten machen! Aber ich denke, es ist nicht von vornherein ersichtlich, dass irgendein Objekt, welches ich dann auch mit dem Attribut „mein" belegen kann, von der Sprache über kognitive Strukturen bis zur Gefühlswelt reicht, und ich im Umkehrschluss durch den Umgang mit diesem Objekt mich sozusagen ein Stück weit im kollektiven Bereich bewege, Anhand eines konkreten Objekts, das sich im meiner Verfügungsgewalt befindet, kann ich sozusagen meinen Geist an die Kandare nehmen, oder besser, ich kann mit ihm ein Stück weit bewusst umgehen, ihn trainieren. Voraussetzung dafür ist jedoch, innerlich einen korrekten Umgang mit der Sprache pflegen zu wollen, was nicht unbedingt Perfektion bedeutet! Von daher lässt sich auch nochmals der Gedanke beleuchten, dass der Geist nur deshalb existiert, weil die kollektive Struktur Sprache noch nicht die Realität rückstandslos erfasst. Änderungen der Sprache erfolgen aber bestenfalls im Schneckentempo, dafür sorgt schon das Attribut ‚kollektiv'.

Ich habe, glaube ich, schon darauf hingewiesen, dass Besitz eigentlich eine Relation fälschlich verdreht, etwa: früher wird zu später. Zum Beispiel: Der Mensch gehört der Herkunft nach oder auch real der Erde, objektiv betrachtet, aber ebenso real ist: Der Mensch besitzt die Erde oder zumindest weite Teile davon. Ein Kind besitzt die Eltern, um das Ganze ein wenig zu übersteigern. Wenn man dann eine emotionslose Distanz einnehmen kann, lässt sich jedoch subsummieren: Alle Besitztümer der Welt sind letztlich Geschenke der Natur. Das setzen Konventionen stillschweigend voraus, ohne es eigens zu erwähnen. Auf jeden Fall aber kann man auch die Natur in sich selbst aufsuchen, und von deren Warte aus gewinnt man vielleicht einen guten Überblick: Man ist umso reicher, je mehr man sich auf sich selbst verlassen kann. Und das setzt nicht die Strukturen und Regelungen objektiver Besitztümer außer Kraft!

Wie versprochen, möchte ich nun auch noch kurz das Gebiet der Emotionen streifen, welches hauptsächlich wohl Teil der Psychologie ist. Und da geht auch gleich wieder die philosophische Spitzfindigkeit mit mir durch, welche sich in einer Unterscheidung zwischen Emotionen und Gefühlen ausdrückt. Emotionen, so könnte ich zu definieren versuchen, sind an der Sprache reflektierte Gefühle. Damit so eine Definition verständlich ist, muss ich auch den Ausdruck Gefühle näher beschreiben: Gefühle sind im Nachhinein benannte Körperempfindungen. Also ziemlich basal. Man braucht einen Körper, dessen Empfindungen und man braucht auch schon eine erste Verfügbarkeit der Sprache. Statt zu wimmern, zu schreien oder zu weinen, sagt man: „Au, das tut weh!"

Jetzt haben diese sehr einfachen Empfindungsäußerungen mehrere Funktionen. Ich kann dabei testen, wie auf meine kommunikativen Versuche reagiert wird, kann unter Umständen meinen Sprachschatz erweitern und ich kann mir selbst auch überlegen, wie ehrlich ich mit meinen Empfindungen umgehe, ob ich den verbalen Ausdruck dafür ernst nehme oder nicht, und so weiter und so fort. Im philosophischen Kontext ist aber noch eine Funktion von Gefühlen interessant, nämlich: Gefühle sind die einzige Verbindung zwischen Geist und Natur.

Um diesen Satz ein wenig zu illustrieren, möchte ich ihn von hinten aufrollen. Im Anschluss an obiges Beispiel lässt sich etwa zeigen, dass der Übergang vom Gefühl zur Emotion fließend verläuft und vielleicht in jedem konkreten Fall anders geartet ist. Wenn ich mein Gefühl äußere und der andere reagiert nicht entsprechend, sehe ich mich vielleicht herausgefordert, meiner Gefühlsäußerung mehr Nachdruck zu verleihen. Es kommt zur Emotion. Ich hebe die Stimme, versetze ihm einen Schlag, oder was immer. Die Gefühlsäußerung betrifft im Grunde nur mich, durch die verbale Mitteilung wird jedoch auch der kollektive Bereich der Sprache aktiviert. Der andere hört es und antwortet vielleicht oder er reagiert. Dass dies jedoch nicht sein muss, dass es sozusagen keine Regeln dafür gibt, gehört zu den Grundbedingungen der Sprache selbst: Illusion ist das Gefühl der sprachbedingten Gemeinsamkeit. Nur weil ich die Sprache verwende oder so verwende, muss das beim anderen nicht auch so sein. Und weil die Sprache in diesem Sinn nicht verpflichtet, kann ich den Gefühlsausdruck durch Emotionen verstärken oder verlängern, und so fort.

Emotionen richten sich also auf andere, im positiven oder im negativen Sinn. Und sie verbinden ein Gefühl mit der Sprache oder die Sprache mit dem Gefühl. Etwas Natürliches, Individuelles wird also auf die kollektive Ebene gehoben, und tatsächlich spreche ich damit ja andere Menschen an, außer es ist vielleicht gerade niemand da und ich erkläre meine Gefühle mir selbst. Das hat dann aber auch mehrere Aspekte. Die Verschiebung von sich auf andere, und emotio heißt wörtlich etwa „Heraus-Bewegung", bedeutet auch, dass ich dem anderen etwas preisgebe. Krass formuliert: Emotionen lassen andere das eigene Spiel spielen, im Positiven wie auch im Negativen. Ich adressiere einen anderen, liefere mich aber auch ein Stück weit aus. Und ich würde das wohl nicht tun, wenn ich nicht eine vage Vorannahme hätte, dass der sprachliche Ausdruck etwas Positives bedeutet; aber es gibt ja auch nonverbale Emotionen! Durch die kommunikative Preisgabe erhält die Sprache also eine nicht näher definierte oder angenommene positive Funktion, welche ihr objektiv gar nicht so zukommt. Wer eine Emotion äußert, sucht nach Gemeinsamkeit und letztendlich, so könnte man fortführen, in irgendeiner Form auch nach Liebe.

Doch ist darin noch ein kleiner Haken verborgen. Der Inhalt der Emotion ist zunächst ein persönliches Gefühl, im weiteren Verlauf kann man sich unter Umständen etwas davon entfernen. Das Gefühl betrifft mich, meine Natur, ist meine Empfindung. Jetzt kann oder darf ich zwar annehmen, dass ein anderer in der gleichen Situation wohl ähnlich wie ich empfindet, aber es besteht in dieser Hinsicht keinerlei Verpflichtung. Wenn ich also meine Emotion mit Nachdruck verfolge, arbeite ich implizit auch an der Sprache, und zwar nicht nur an meiner, sondern auch an der des anderen. Ich versuche also, die Sprache als Absolutes zu formen, versuche, eine Sprache zu erreichen, die es mir in Zukunft erspart, Emotionen äußern zu müssen. Und daran werde ich wohl mehr oder weniger scheitern! Also bleibt mir als Alternative nur, Emotionen bereits im Vorhinein den Wind aus den Segeln zu nehmen. Irgendwie doch etwas verzwickt!

Ein weiterer Aspekt dieser sehr farbenprächtigen, aber wohl nur schwierig zu beschreibenden Materie: Eine Emotion ist ein geistig kanalisiertes Gefühl. Der Geist braucht als Ausgang Dinge und im Hintergrund die Sprache, die ihn erst ermöglicht. Es wurde früher erwähnt, dass sich das Allgemeine der Sprache nur auf Dinge anwenden lässt. Wenn ich mit jemandem emotional kommuniziere, wird der andere automatisch auch auf die Dingebene transferiert, auch wenn er mir leibhaftig gegenübersteht. Nicht vollständig, aber immerhin! Und in mir übernimmt ebenso unwillkürlich auch der Geist seinen Anteil, und wenn sich der andere darauf einlässt, dann wohl auch in ihm. Ausdruck von Emotionen ist daher auch ein Abgleichen der Geister, mit dem Ergebnis: ... Preisfrage! Ob im Positiven oder Negativen, allein schon durch die mit der Emotion inhaltlich auch transportierte Dauer wird das Ergebnis in den Status der Illusion verfrachtet. Alles umsonst? Ein Gefühl hat mit Sicherheit seine Berechtigung, könnte auch gar nicht verhindert werden, aber ...

Und dass geistig kanalisierte Energie auf andere verletzend wirken kann, wie übrigens auch auf die Natur, braucht wohl nicht eigens thematisiert zu werden! Aber es gibt ja auch positive Emotionen – was ist etwa mit der Liebe? Ist eine Emotion, weil sie sich auch auf jemand anderen bezieht. Naja, ich könnte ad hoc darstellen, dass Liebe wohl jene Emotion ist, die der Natur am nächsten kommt. Andere Aspekte wurden, glaube ich, schon früher erwähnt. Na klar, aber wenn die Hormone nach Jahren anders spielen, sind vielleicht auch andere Seiten als die bloß natürlichen gefragt! Und ich kann unter Umständen etwa auch einseitig lieben: Dass Emotionen andere beeinflussen, ist ein Irrtum. Das gilt dann aber beispielsweise auch für die Wut: Wut ist stets auch ein Irrtum über die Motive des anderen. Oder Hass. Ich habe ja den Verdacht, Leute, die hassen, können nicht so recht zwischen Mein und Dein unterscheiden. Das kann aber ziemlich weit gehen: Hass ist, einen Lebenden zu behandeln, als wäre er schon tot. Und dabei muss man aufpassen, dass man nicht mit dem Gesetz in Konflikt kommt! Oder, da soeben von der Dingwelt gesprochen wurde: Lust ist ein anerkanntes Herum-Manövrieren in der Dingwelt. Letzteres ist aber dann vielleicht eher auch ein Gefühl als eine Emotion.

Es gibt wohl unzählige Emotionen, die hier nicht thematisiert werden können, positive und negative. Dass Emotionen in irgendeiner Form an der Entstehung von Konventionen beteiligt sind, wurde schon gesagt, auch dass sie dann deren Fortbestand begleiten. Im Hinblick auf die Sprache wird das noch interessant werden, denn dieser Bereich bleibt unbewusst. Allgemein lässt sich einfach so obenhin erkennen: Emotionen sind Ausdruck der allgemeinen Stimmungslage, sind also mit wesentlichen Komponenten im kollektiven Bereich angesiedelt, etwa auch der Sprache. Das ließe sich unter Umständen missverstehen, wenn ich annähme, ich befinde mich im sicheren Bereich des Kollektivs, indem ich mich einfach emotional verhalte! Und wenn darauf dann die Konventionen und mithin die Kultur beruhen, dann sollte sich irgendjemand vielleicht die Emotionen ein wenig näher ansehen ... Aber ich bin das jedenfalls nicht!

Um mir gleich wieder selbst zu widersprechen: Oben wurde kurz die Liebe gestreift, und ich habe beim Durchlesen festgestellt, dass das vielleicht etwas dünn ausgefallen ist! Liebe besteht in der Negation eines eigenen Standpunkts – wohlgemerkt, in der Negation, nicht im Verzicht auf! Liebe und Opportunismus haben nicht so viel gemeinsam! Aber Liebe ist eine Emotion, und Emotion setzt anders als das Gefühl auch ein Kollektiv voraus oder setzt schon von vornherein an einer nicht klar definierten, kollektiven Seite an. Und da die Liebe ganz nah an der Natur liegt, ist sozusagen das Beste, was ich machen kann, die Emotion des anderen stehen zu lassen, denn alles andere wäre implizit ein Stück weit auch Opposition. Das ist kein Opportunismus, sondern erfordert im Gegenteil einiges an Mut, weil die Liebe ja auch ganz beträchtliche Konsequenzen haben kann. Aber selbstverständlich habe ich auch das Recht, Emotionen zu äußern! Wie gesagt, in Beziehungsfragen ersuche ich, sich an die richtigen Stellen zu wenden! Doch was man von da vielleicht auch auf andere Emotionen übertragen kann, ist die Rückwärtsbewegung von der Emotion auf sich selbst. Wenn der andere mit einer Emotion kommt, brauche ich grundsätzlich Gefühle, um diese begreifen zu können. Aber Gefühle sind in einem natürlichen System ohnedies vorhanden!

Wenn ich selbst emotional agiere, dann lässt das eigentlich nur den Rückschluss auf mich selbst zu, denn der geistige Anteil ist letztlich nur für mich selbst einsichtig, meine Motivation und etwaige Vorgeschichten ebenso. Emotionen haben nur Bedeutung in Bezug auf das Selbst, und das widerspricht krass der wörtlichen Bedeutung des Ausdrucks! Aber vielleicht ist es manchmal kein Schaden, aus sich selbst herauszugehen, um über einen kollektiven Anteil wiederum sich selbst ein wenig besser kennenzulernen! Ich selbst bin wohl ein wenig zurückhaltend, fast scheu, und ich bilde mir ein, mit Emotionen nicht immer die besten Erfahrungen gemacht zu haben. Aber das darf ich keinesfalls verallgemeinern! Dennoch könnte ich am Schluss dieses Abschnitts noch einen beinahe spirituellen Gedanken anführen: Der Ausgleich der Emotionen ist der einzige Weg zum Glück. – Aber davon ein andermal mehr!

Um das bisher von Emotionen Gesagte kurz zu rekapitulieren: Ausgang oder Impuls einer Emotion ist wohl ein Gefühl, und es kommt zu einer Überbrückung vom Gefühl hin zur Sprache, wobei die dazwischen liegende Strukturschicht vielleicht weniger beachtet, aber nicht ausgeschaltet wird. Deren Existenz wird sozusagen stillschweigend zur Kenntnis genommen. Und es wurde bisher zu wenig beachtet, dass auch Konventionen über einen wesentlichen emotionalen Anteil verfügen, die Konvention Sprache selbst eingeschlossen.

Wenn ich an dieser Stelle noch Konkretes nachreichen darf: etwa Sturheit. Jetzt könnte man sagen, das ist eine Charaktereigenschaft, ein persönliches Merkmal, aber jeder hat wohl auch schon mal „auf stur geschaltet", ob mit Absicht oder ohne, und dann kommt das in der Praxis rüber wie eine Emotion. Ich habe auch ein Sätzchen dazu im

Köcher: Sturheit ist die Duplizität eines wahrgenommenen Wortes. Wie gesagt, ob mit Absicht oder nicht, ob mit Hintergedanken oder ohne. Irgendein Wort, das gefallen ist, wird aufgenommen und jedenfalls ein wenig anders verwendet, als vom Sprecher ursprünglich ausgedrückt. Man hakt also an der Sprache ein, man hängt sich an der Sprache fest, und gibt vielleicht dem anderen zu verstehen, er sei daran auch noch schuld. Das Material ist die Sprache, und es geht auch um die Sprache. Im konkreten Verhalten bekommt aber der Geist einen überdimensionalen Anteil, und es wird die Relation von der Sprache zum Bezeichneten verändert. Eigentlich ein inkorrekter Vorgang, aber halt eine Emotion! Die Folge kann dann alles Mögliche sein, vom Ärger bis zum Mitgefühl vonseiten anderer Beteiligter, Sturheit kann auch als Teil autoritären Verhaltens interpretiert werden. Aber daran wird die Verbindung der Sprache zur emotionalen oder Gefühlsschichte besonders deutlich und auch die Rolle, die dem Geist im emotionalen Gefüge zukommt. Mit anderen Worten, es tut sich etwas auf der sprachlichen Ebene und parallel dazu auf der emotionalen oder Gefühlsebene, und die Hauptverbindung dazwischen ist der Geist. Der Geist geht von der Sprache aus, und es muss aber nicht eigens beleuchtet werden, dass er auch auf der Emotionsebene zu Hause ist. Und dort, im weniger bewussten Bereich, kommt es unter Umständen zu einer Vermischung oder Verwechslung mit dem Terminus Schuld. Beide können in dieser Umgebung fast gleichlautend beschrieben werden: Der Geist ist das Festhalten an anderen als Möglichkeit für sich; und Schuld ist ein wenig innerlicher, steht eine Spur mehr für sich: Schuld ist ein verzweifeltes Festhalten an Möglichkeiten für sich – wobei hier durchaus auch Menschen gemeint sein können. Wenn früher eine inkorrekte Verbindung oder Verknüpfung auf der Emotionsebene in den Raum gestellt worden war, dann besteht diese möglicherweise in einer Verwechslung des Geistes mit der Kognition Schuld, welche auch als Gefühl wahrgenommen werden kann. Aber auf Schuldgefühle möchte ich im Zusammenhang mit der Zeit zurückkommen!

Die Emotionsebene bildet also die Basis für kollektive kulturelle Erzeugnisse, hat aber auch im persönlichen Bereich eine ähnliche Bedeutung, etwa besonders in Bezug auf die Sprache einer Person. Und wie im kollektiven Bereich durch eine Verknüpfung des Geistes mit Schuld sich möglicherweise eine Art Fäulnis im Sockel einschleichen kann, so ist auch das persönliche Unbewusste nicht ganz unproblematisch für ein Individuum. Hier könnte ich noch einmal auf die Bedeutung des Satzes im Eingangsbereich verweisen: Gefühle sind die einzige Verbindung zwischen Geist und Natur. Auch in diesem Kontext, und das könnte schon auch ein wichtiger oder weitreichender sein, müsste man sich erst dazu durchringen, den Begriff Natur und auch dessen Auffassung entsprechend ernst zu nehmen. Und andererseits stellt sich auch das Gefühl Schuld möglicherweise etwas unerwartet dar, wenn es sozusagen eine Art Brückenfunktion übernehmen kann zum inneren Nichts, der verstandesmäßigen Auffassung der Natur. Schuld ist dann nicht immer nur schuld, sondern möchte vielleicht der Bewegung weg von der Natur die Möglichkeit einer Rückwärtsbewegung entgegenhalten, die jedoch die bestehende Kultur nicht zerstören will, sondern integrativ vorgehen kann. Schuld ist nicht nur schuld, das sagt uns allein schon das Unbewusste!

Und im Kontext werde ich auch um ein paar Worte zum Unbewussten nicht herumkommen. Für mich stellt sich das Wort in einer außer-Freudianischen, offenen Art dar, also nicht bewusst und mit einer gewissen Dauer behaftet. Das Unbewusste entsteht, wenn sich ein Mensch selbst als Möglichkeit sieht. Ganz stark klingt hier der Geist an, dann die Sprache, das Ich, die Lebenserfahrung. Der Geist verweist meist irgendwie auf „künstliche" Art auf andere, hier beißt er sich aber beinahe in den eigenen Schwanz, bildlich vorgestellt, aber dazu fehlt ihm, streng genommen, die stabile Substanz. Der Geist möchte einen perfekten Kreis bilden, ist dazu aber gar nicht imstande. Und dann kommen Emotionen dazu, bezogen auf die Sprache: Stolz in der Rückschau auf die Vergangenheit, immer auch mit einer nebulosen Gemeinschaft verbunden, denn für mich alleine brauche ich auch nicht stolz zu sein; und eine vorweggenommene Furcht vor der Zukunft, ebenfalls im Kontext menschlicher Gesellschaft, ein diffuses Gefühl der Angst. Beide Impulse sind über die kommunikative Möglichkeit der Sprache auf andere gerichtet. Das Unbewusste ist also sozusagen nichts weiter als ein Schatten, welcher im Zusammenhang mit dem Erlernen der Sprache entsteht, oder besser, sich bereits vorsprachlich strukturieren muss, denn diese Strukturen sind für den Gebrauch der Sprache bereits Voraussetzung. Und sie bleiben im Schatten, weil das Gedächtnis erst mit dem Beginn der persönlichen Sprache einsetzt. Also eigentlich nichts Geheimniskrämerisches und schon gar kein Hort für tiefenpsychologische Verwerfungen. – Aber ich respektiere Freud sehr und habe ihm, wenn ich das hier ohne Überheblichkeit herausstellen kann, das Wort „unbewusst" in seiner Gewichtigkeit zu verdanken. Aber eigentlich ist es von der Sprache her nur in Bezug auf die Sprache sinnvoll, und wenn man dann einmal darüber gesprochen hat, ist es auch nicht länger unbewusst. Doch zeigt sich an diesem Beispiel doch ein deutlicher Unterschied zwischen Theorie oder Verständnis und Praxis. Von etwas Kenntnis genommen zu haben und es im persönlichen Bereich aufzulösen, sind nicht dasselbe!

Und dieses „Unbewusste" hat eine ganze Menge Auswirkungen! Es wurde erwähnt, dass das Ich das angesammelte Unbewusste eines

Menschen darstellt, es ist in dieser Hinsicht auch eine emotionale Mischung aus Angst und Stolz. Aber angenommen, das Unbewusste verschwindet, so bleibt das Ich jedenfalls bestehen, zumindest wenn der zugehörige Mensch noch am Leben ist. Klingt makaber, aber Geist und Unbewusstes gibt es sozusagen nur im Doppelpack, und die beiden Bereiche interferieren ja auch miteinander. Es ist aber nicht so, dass das Unbewusste unverzichtbar wäre, nur weil es einen Grundstock bei der Bildung der persönlichen Sprache darstellt. Aber es gibt Sprache, es gibt Dinge, mithin Kultur, und dann ist auch die Bildung eines Geistes notwendig. Das heißt jedoch nicht, dass Geist und Unbewusstes im Erwachsenenalter noch notwendig sind, sie werden vielleicht irgendwann auch ein wenig hinderlich, unangenehm, oder was auch immer, jedenfalls wahrscheinlich leicht negativ. Und es gibt auch die Möglichkeit, sie loszuwerden, das sagen in verschlüsselter Form auch die Mystik und Spiritualität aller Kulturen. Hat, um das noch einmal zu erwähnen, nicht in erster Linie mit Sexualität zu tun, aber es gibt ja auch diverse dunkle Bereiche, die nicht offiziell abgehandelt werden! Das Unbewusste selbst ist aber dann ganz klar. Es bildet einen emotionalen Boden der Sprache, konstituiert über diese dann auch den Inhalt der persönlichen Welt mit, füllt das Ich auf und das Sein. Über das Sein hat es mit der Lüge zu tun wie auch über das Irrationale des Geistes. – Und das alles kann sich verabschieden, ohne dass im Endeffekt etwas fehlt. Im Gegenteil, ein erwachsener Verstand funktioniert wohl ohne das Gelee des Geistes und den Schatten des Unbewussten noch ein bisschen besser, und das hat vielleicht sogar auch Auswirkungen auf den Körper! Und was die Natur dem Menschen zur Verfügung stellt, aber von Geist und Unbewusstem verdeckt oder behindert wird, ist noch gar nicht erforscht.

Mikaela, ich denke, es ist nicht gerade das Angenehmste, über Angst und Stolz zu schreiben, aber in diesem Büchlein geht es immer wieder um die Sprache, und das Unbewusste bildet einen emotionalen Sockel dazu. Weshalb emotional? Ich denke, das hat mit dem Geist zu tun, für beide Emotionen. Zur Angst zum Beispiel gibt es ein zugehöriges Gefühl, die Furcht. Furcht hat eine bestimmte Funktion, kann unter Umständen sogar das Leben schützen, aber wenn sie sich quasi verselbständigt, wenn die Kulturillusion Dauer dazukommt, wenn man etwa versucht, sich vor dem Tod zu schützen, kann daraus eine Emotion werden, einfach über kulturimmanente Konventionen wie auch die Sprache. Ich habe vermutet, dass Angst schon im Zuge der Vorbereitung des Spracherwerbs mit entstehen muss, und das würde etwa den Schluss zulassen, dass ein Kind dann auch schon irgendwie eine Ahnung des Todes mit aufnimmt. Da dies jedoch nicht angenehm ist und für ein Kind in dieser frühen Phase vielleicht auch nicht relevant, achtet es nicht weiter darauf und niemand würde es dem Kind krumm nehmen, wenn diese Ahnung samt den Ansätzen zur zugehörigen Emotion in irgendeine Ecke des Bewusstseins verschoben wird. Später, wenn die Sprache bereits erlernt wurde, erinnert es sich wahrscheinlich nicht mehr daran, aber der Gedanke an den Tod stellt nach wie vor ein Problem dar, nun aber hauptsächlich für den Verstand.

Ein weiterer Zugang zu dieser menschlichen Grundemotion wäre über die Zeit: Angst entsteht mit der Anwendung der Dingeigenschaft Zeit auf das Selbst. Sobald ein Bewusstsein erkennt, dass die objektive Welt fragmentiert ist, dass einzelne Elemente mit verschiedenen Gefühlen und Emotionen besetzt sein können, dass nicht immer alles perfekt zusammenpassen muss, bekommt der Faktor Zeit seine Konturen, welche in Summe darin bestehen, die Brüche, die Grenzlinien zwischen den Objekten in der Gegenwart zu subsumieren.

Zeit ist wohl in erster Linie eine Kognition, aber auf der Gefühlsebene wäre es eben ein Gefühl, dass nicht Zusammenpassendes doch irgendwie zusammenpasst, dass die Welt darin besteht und dass die Zeit deshalb auch die für eine Kognition, aber auch für eine Konvention notwendige Dauer hat. Und die vorherrschende Zeitstufe ist die Gegenwart, welche sich mit einem Sätzchen umschreiben lässt: Gegenwart ist ein Schwebezustand, in dem sich Angst und Stolz schneiden. Und dann könnte ich gleich noch ein Sätzchen anfügen: Angst bezieht sich in erster Linie auf den Verlust des Stolzes.

Aber bleiben wir noch einen Moment lang beim Geist! Ein wenig mystisch angehaucht dürfte ich feststellen: Alle Angst des Menschen basiert auf dem Schweben des Geistes im Nichts. Wie gesagt, objektiv gibt es Dinge, gibt es die Sprache – kein Grund für Stress! Aber in der Beschäftigung des Menschen mit diesen Sachen entsteht offenbar doch eine Art Grundpegel erhöhter Aktivierung, Energie, die dem Geist zur Verfügung steht. Und der Geist kann, selbst wenn er das wollte, sich nicht einfach auf dem Boden der Tatsachen oder mithin auch der Natur bewegen; etwas hält ihn in Schwebe wie einander abstoßende Magneten. Wenn ich vorhin einen versuchten Ouroboros des Geistes erwähnte, also die Tendenz, einen perfekten Kreis zu bilden, dann geht das wohl auf die Zeit, den Kern des Geistes zurück. Die Zeit strebt nach einer ‚perfekten' Anordnung der Gegenwart, denn dann könnte sie sich auflösen, und der Geist würde auf den Boden fallen und verschwinden. Dass das aber nicht so ist, dafür sorgt schon die Angst, welche mit der Kulturinstitution Sprache verbunden ist. Und diese Angst ist in der Hauptsache eine Furcht vor dem Tod,, womit sich darstellen lässt: Die Struktur des Geistes ist Angst, eine amorphe Furcht vor dem Tod.

Den Stolz jetzt im Kontext angemessen darzustellen, erscheint mir gar nicht so einfach! Es geht einerseits nicht um Schuldzuschreibung, andererseits sollte man den Punkt aber schon ernst nehmen, denn immerhin handelt es sich vielleicht um die letzte Wahrnehmung eines „geistbehafteten" Bewusstseins! Befindet sich die Angst wohl eher am basalen Ende der kulturellen Bewusstseinsschichten, ist der Stolz wohl am oberen Ende im Umkreis der Sprache angesiedelt. Zusammen bilden sie die Säule des Unbewussten, welche auch vom Geist durchdrungen wird. Und ebenfalls gemeinsam ist beiden Emotionen eine Verlagerung von der Person zum Kollektiv, welche unbewusst bleibt.

Stolz kommt ein wenig wie ein Schatten des Geistes daher. Der Geist existiert wegen der Unsicherheit des Einzelnen gegenüber der Kultur, zieht daraus seine Nahrung und hat somit eine „natürliche" Opposition zur Natur. Und Stolz ist dann, vereinfacht gesagt, die zugehörige Emotion: Stolz ist die Illusion, über die Natur erhaben zu sein. Und das will schon etwas heißen, das Wörtchen erhaben deutet darauf hin! Objektiv auf den Punkt gebracht: Stolz ist die Position des Geistes gegenüber der Natur. Stolz ist dann also nicht nur ein Attribut, sondern für die Existenz des Geistes selbst notwendig! Das kann aber keine alltägliche Arroganz sein, sondern es bleibt unbewusst ... bis zuletzt: Stolz wird im selben Moment erkannt, in dem er sich aufgelöst hat.

Stolz heißt also nicht, dass der Einzelne an etwas schuld ist, sondern dass die Sprache ungenau ist, mithin eine Lüge, ganz streng genommen, und dass der Einzelne nicht anders darauf reagieren kann als über die Verlegenheit Stolz. Er muss dann aber auch daran festhalten, muss mit seiner Emotion der Dauer der Kultur etwas entgegenhalten, unbewusst, versteht sich. Stolz hat also in dieser Hinsicht den Anstrich von etwas, wofür man sich zumindest insgeheim schämt: Stolz ist Betrachtung der Welt aus unterliegender Position; und paradoxerweise liefert derselbe Stolz zusammen mit der unbewussten Angst die Energie für die innere Projektion der Welt! Müßig zu sagen, dass sich diese Art von Stolz nicht besonders gut eignet, um etwa auf andere herabzublicken! Aber von irgendetwas muss der Mensch schließlich leben, und so bleibt doch ein wesentlicher Aspekt: Stolz ist der Anspruch, zur Gemeinschaft der Besitzer zu gehören. Besitz und Eigentum „trotzen" in gewisser Weise der Natur: Stolz bedeutet zu vergessen, was man der Natur in sich antut.

Der Stolz erscheint demnach beinahe als eine Art Kultureigenschaft, die sich beim Erlernen der Kultur unwillkürlich bildet, die jedoch für den Fortbestand der Kultur später nicht mehr notwendig ist, zumindest aus der Perspektive des Einzelnen heraus. Und da diese Art von Stolz so innig mit dem Geist verbunden ist, erweist sie sich möglicherweise als hinderlich, wird aber nicht eigenständig wahrgenommen, zu weit liegt die Erinnerung zurück! Und doch hat sie sehr konkrete Auswirkungen. So könnte ich das früher bereits umkreiste Ich in dieser Perspektive darzustellen versuchen: Das Ich ist im Wesentlichen der Stolz auf die Vorstellung von Zeit. Wie gesagt, wenn man den Terminus einmal kennt, ist der Bildungsprozess schon abgeschlossen. Aber etwas dauerhafter: Stolz ist ein Mechanismus, der die eigene Wirklichkeit abblockt. Hier könnte man sich in das Gebiet der Moral oder Ethik versetzt fühlen, aber in Wahrheit funktioniert dieser Mechanismus horizontal: Stolz nimmt einfach die fiktive Position des Kollektivs in der Person ein, und der Geist erlaubt ein ständiges Oszillieren zwischen mir und den anderen; und die Emotion Stolz bleibt dabei unbewusst. Stolz heißt, ich bin mehr auf der Seite der Kultur als auf meiner eigenen, vorausgesetzt, meine eigene Seite verstehe ich als Natur. Ich bin der Kultur sozusagen ausgesetzt, meinen Lebensunterhalt verdiene ich innerhalb der Normen der Kultur, auch wenn diese inoffiziell sein sollten. Stolz wäre dann auch eine Furcht vor der Minderwertigkeit, wobei Letztere nicht etwa als psychisches Problem gemeint ist, sondern ganz konkret nicht imstande zu sein, seine materiellen Bedürfnisse zu erfüllen. Durchaus verständlich, dass man davon nicht gerne lassen möchte, selbst wenn es nur als unbewusste Ahnung präsent ist! Aber vonseiten der Natur dürfte ich noch einmal auf ein nur ungern verwendetes und, glaube ich, früher bereits verteidigtes Wort zurückkommen: Stolz ist der Sieg der Dummheit über natürliche Intelligenz. – Ich müsste nachschlagen, was ich damals über diesen peinlichen Terminus zu sagen hatte! Und um den Stolz nicht ganz einknicken zu lassen, könnte ich ein verwandtes Wort zu Hilfe nehmen: Ehre ist von außen an jemanden herangetragener Stolz.

Eine kurze Zwischensumme: Angst ist Furcht vor der Zukunft, und Stolz ist verklärte Vergangenheit. Das Unbewusste ist auf die Zeit hin orientiert, oder die Zeit ist dem Unbewussten vorgelagert. Die Angst blickt von unten nach oben in Richtung Existenz, der Stolz bildet oben eine Art Schwelle zum Handeln und der die Sprache übersteigenden, eigenen Natur. Und der Stolz kann nix dafür! Man will die unsichere Sicherheit der Gemeinschaft nicht aufgeben. Und dazu kommen der Geist, der überall sein Unwesen treibt, das Ich als Verbundenheit mit der Sprache und schließlich noch das Sein als persönlicher Sprachgebrauch. – Der Mensch hat es nicht so ganz einfach! Von der Ungenauigkeit der Sprache und mithin der Kultur wurde bereits gesprochen; es kommt also auch noch die Lüge dazu, das Irrationale, das Absurde! Die Lüge bildet erst die Voraussetzung für die Wirksamkeit des Unbewussten, die Basis für das große Welttheater, und ist doch hier nichts weiter als der Nachweis, dass absolute Genauigkeit nicht existiert, zumindest was das Messen betrifft, also das Handeln mit Objekten. Für die Psyche aber gilt: Wenn die Angst übermächtig wird, bleibt einem Menschen nur noch der Stolz. Das Unbewusste versucht einen Uroboros; alles dreht sich, alles bewegt sich!

Für mich, und das ist nur so eine Meinung, hat der Stolz ja auch den Anstrich, das Absolute in irgendeiner Form installieren zu wollen oder zu verteidigen, der Sprache, dieser hochrangingen, institutionalisierten Konvention nur zu gerne den Absolutheitsanspruch zuzuerkennen. Aber es bleibt irgendwie vergebens, der Stolz kommt damit nicht an sein Ziel! Und außerdem könnte ich hier auch mit einem marginalen Sätzchen aufwarten: Wer das Nichts erkannt hat, kann das Absolute nicht mehr ernst nehmen. Humor ist auch eine Lebenskraft, aber das heißt nicht, dass man mit Witzchen jeden Stammtisch unterhalten muss! Humor bedeutet eigentlich zu sehen, dass die Sprache doch nicht absolut ist, und dass allzu verbissenes Festhalten daran in der Praxis mitunter sogar zu komischen Situationen führen kann. Im Kern besteht so ein Humor in der Erkenntnis, dass jedes Ich lächerlich ist, und ich selbst besitze auch mehrere davon! Das Ich als Verbundenheit mit der Sprache. Und wenn man noch einen Schritt weiter gehen will, ist es ebenso lächerlich, wenn Menschen als Besitzer und Vertreter diverser Ichs gegeneinander kämpfen! Aber wie gesagt, Besitz und Eigentum sind real, und die Welt ist vielleicht doch nicht die beste aller möglichen Welten! Es gäbe immer noch was zu tun, in erster Linie natürlich auch für mich selbst.

Und um von einer Peinlichkeit gleich in die nächste zu fallen, werde ich hier vielleicht ein wenig überstürzt auch noch ein paar Gedanken zum Thema Lüge anheften. Lüge an sich ist ja sehr brisant, sie tendiert im Extremfall auf den Tod eines anderen hin, lässt sich daher beinahe ideal mit Hass verbinden und äußert sich in dieser persönlichen Form als Verleumdung. Das ist kein Bagatelldelikt, egal aus welcher Perspektive man es betrachtet: Die tiefste Verachtung einem Menschen gegenüber ist Lüge; moralisch: Verleumdung ist das Schlimmste, das man einem Menschen zufügen kann; und etwas abweichend vom Katechismus: Die einzige Sünde ist, jemanden unglaubwürdig zu machen.

Verleumdung bedeutet, dass man den Zugang eines anderen zur Sprache in Frage stellt, dass man dessen Ich als durchwachsen, unausgegoren, verkommen, oder was immer definiert und ihm daher die Möglichkeit nimmt, sich mittels der Sprache ins rechte Licht zu setzen. Verleumdung bedeutet, der andere lügt. Aber an diesem Punkt widerspricht sie sich logisch selbst, denn das Gegenteil der Lüge, Wahrheit, kann ich nur an mir selbst überprüfen oder auch überwachen. Wenn Wahrheit nur für mich selbst gilt, kann ich dem anderen Lüge gar nicht unterstellen, zumindest in einem umfassenden Sinn. Was Objekte betrifft, weiß ich vielleicht genauso Bescheid oder möglicherweise sogar besser, aber was ihn selbst betrifft, kann nur er der Experte sein, auch im ethischen Sinn. Und aus diesem Grund fällt auch die Gegenperspektive vielleicht etwas unerwartet aus: Man muss sich zum Opfer der Lüge machen, um sie auszurotten. Es kommt dann sozusagen zu einem Match Natur gegen Kultur, Wissen um die Wahrheit gegen Beliebigkeit der Sprache, Ehrlichkeit gegen Destruktivität. Und dieser Kampf ist, glaubt man der Geschichte, alles andere als entschieden! Aber ich behaupte mit meiner etwas zurückgebliebenen Kinderlogik, es gäbe gar keine Geschichte, wenn es sich anders verhielte! Das Opfer ist dann stärker als der Täter, und es ist, streng genommen, nur dann Opfer, wenn es das auch sein will, bewusst oder unterbewusst. Dafür ist, und das muss wohl nicht eigens erwähnt werden, Mut erforderlich. Wenn das Opfer stirbt, ist diese

Geschichte jedoch noch nicht zu Ende, aber was man im moralisch-ethischen Kontext wohl sagen kann: Das Opfer kann nicht die Verantwortung des oder der Täter übernehmen.

Der Umkreis des Wortes oder Themas der Lüge ist jedoch viel weiter als die soeben gestreifte, persönliche Lüge mit der Absicht, jemandem zu schaden. So stellt sich etwa angesichts der Kultur die Frage, inwiefern sich Illusion und Lüge in der Praxis unterscheiden, ob eine Illusion auch eine Lüge ist. Auf Objekte bezogen, lassen sich meist klarere Antworten finden, aber ausgehend von der Sprache dürfte man nicht nur den Geist, sondern auch das Ich im entfernteren Sinn als Lüge bezeichnen und, wie kurz erwähnt, mithin auch den Verstand. Ich könnte sogar so weit gehen zu behaupten: Zahlen können nicht nur lügen, sie tun es sogar systematisch! Nur ist damit niemandem geholfen, und es entsteht sofort ein verzerrtes Bild, was in diesem Beispiel etwa die Gültigkeit der Mathematik betrifft. Man kann wohl immer noch das Kind leicht mit dem Bad ausschütten, aber das ist hier selbstverständlich nicht die Absicht! Man tut sich nur mit dem Wort Lüge offensichtlich so schwer, dass man den Gebrauch nicht angemessen temperieren kann, entweder volle Power oder sonst lieber ganz vermeiden! Und das hat auch seine Gründe in ethisch-moralischer Hinsicht, schließlich lernt ein Kind die Welt im Zusammenspiel von Wahrheit und Wirklichkeit kennen. Und so ganz möchte man den Anfang ja doch nicht vermasseln!

Lüge ist jede durch Worte hervorgerufene Unschärfe. Eine beinahe neutrale Umschreibung, welche das Phänomen Lüge in der Kultur verankert. Da muss sich noch niemand schuldig fühlen! Die Kultur, rückangewendet auf die Natur ergibt nun mal Ungenauigkeiten, das ist sozusagen schon in der Definition mit enthalten. Die Mathematik wäre etwa das logischste System der Kultur, aber Zahlen auf die Natur angewendet bleiben dennoch ungenau in den kleinsten wie auch in den größten Dimensionen. Aber der Bereich, der für die Kultur, für den Alltag zählt, ist wohl hinlänglich genau. Die kulturimmanente Lüge relativiert sich deshalb, nicht weil man die Lüge verharmlosen will, sondern weil es die Kultur nun mal gibt! Aber wie gesagt, Lüge kann auch schlimme Auswirkungen haben, und dann gibt es noch das Irrationale, mit dem zu kämpfen sich nicht so richtig lohnt, das Absurde ... Und in dieser Hinsicht ist es vielleicht keine Lüge, festzustellen: Lüge ist das destruktivste Element des menschlichen Wesens. Die Lüge ist destruktiv. Und was bedeutet Destruktivität? Die Lüge als Grundlage zu nehmen. Das wäre dann also eine bewusste Entscheidung, auf irgendeinen Teil der Objektwelt bezogen. Was dabei unter Umständen nicht ausreichend bedacht wird: Das hat auch Auswirkungen auf mich selbst, und zwar über die bestimmte Objektrelation hinaus. Es ist destruktiv, zu glauben, dass die Sprache das Selbst nicht betrifft. Und wie funktioniert das dann, was ist destruktiv? Keine Ahnung!

Nein, ich bin kein Tiefenpsychologe, aber mir scheint hier eine grundsätzliche Entscheidung vorzuliegen, wie man sie in den einfachsten Gegensätzen nach dem Muster ja/nein und so fort darstellen kann. Das Nicht-ehrlich-Sein zu sich selbst ist die Wurzel der Destruktion. Nun kann das aber in einem natürlichen System nur Teilbereiche betreffen, und das auch nur zeitlich begrenzt! Aber es wäre andererseits ein Trugschluss, die Lüge deshalb persönlich zu relativieren. Die Natur ist umfassender, stärker, größer, aber die bewusste, absichtliche Lüge kann auch ganz schön destruktiv sein! Und der Mechanismus der Destruktivität spricht in diesem Kontext für sich: Sie verwendet Regeln, um sich letzten Endes selbst zu zerstören. Eine persönliche, schlechte Absicht soll über den Umweg der Konventionen wieder ‚gerichtet' werden, oder sie wird zumindest zur

Probe ausgestellt; sie stellt unter Umständen auch die Konventionen auf die Probe. Nun könnte eine Person dieses Destruktivitätsspiel fortführen, bis es an seine Grenzen stößt. Mit einem exemplarischen Ausdruck der neueren Zeitgeschichte illustriert: Der „totale Krieg" ist der Kampf des Destruktiven gegen sich selbst.

Auf einer mehr persönlichen Ebene ist man sich der Destruktivität der Lüge vielleicht bewusst. Ich habe ja beinahe den Verdacht, dass die Kultur einfach durch ihre Existenz ein winziges Stück weit auch zur Lüge anregt, dass sie also ein wenig negativ gefärbt wäre; „die Kultur" sicherlich nicht aus böser Absicht, sondern eher aus schlechtem Gewissen heraus, sofern das kollektiv überhaupt möglich wäre. Die Kultur trägt demnach eine gewisse Tendenz wieder hin zur Natur mit oder in sich, wie immer das im Einzelnen so aussehen könnte. Aber die Sprache lässt sich wohl nicht so einfach abschaffen, und deshalb wird das Problem der Lüge immer wieder auf den Einzelnen heruntergebrochen, der es dann auch auf die Probe stellen kann und in der Folge wohl irgendwie schlecht aussteigt: Lüge ist das bewusste In-Kauf-Nehmen des eigenen Scheiterns.

Die Gründe dafür liegen tief. Man stellt Dinge der Natur gegenüber, den Geist der Wirklichkeit, man leugnet symbolisch die Dunkelheit des Tiefschlafs aus Angst, sich dann nicht mit notwendigen Dingen versorgen zu können! Auf den Punkt gebracht: Man verwechselt das Nichts mit dem Tod. Jetzt ist das Ganze irrational, aber ‚irrational' bedeutet ja auch Lüge. Man lässt es auf einen Kampf der Kultur mit der Natur ankommen, und nirgendwo wird dieses Begriffspaar mehr zum Gegensatzpaar als im Kontext der Lüge. Und die Natur ist auch das Einzige, was einen aus der Lüge wieder herausführen kann, auch über die Ethik, über die Moral, und selbstverständlich kann dies alles in der Religion impliziert sein. Lüge wendet das Unbewusste gegen die Seele, das Leben und damit auch gegen die Natur. Und der Geist beispielsweise hat als Verankerung in der Natur nur die temporäre Wahrnehmung und Anerkennung von Gefühlen. Das heißt, es braucht mehr oder weniger eine bewusste Entscheidung gegen die leise Tendenz der Kultur, die Entscheidung, zu sich selbst ehrlich zu sein, und damit auch ein Ernstnehmen seiner selbst in Hinblick auf das Kollektiv der Kultur. Aber ich denke, das ist früher schon einmal angeklungen! Wenn es die Illusion der Lüge ist, die Wirklichkeit auszuheben, dann ist es die Aufgabe der Gegenwart, das Destruktive zu vernichten, und der erste und wichtigste Schritt in diese Richtung ist die Entscheidung zur Ehrlichkeit, eine Wahrheit in sich selbst anzuerkennen. Klingt wie Kindergartenmathematik: Wahrheit und Lüge, so einfach ist das!

Mikaela, am Ende dieses Briefes, der doch etwas umfangreicher geworden ist, als ich gedacht hätte, sollte ich noch auf ein Wort eingehen, welches für das Verständnis im ersten Moment wohl ein wenig ambivalent oder widerspenstig daherkommt, das große, kleine Wort Sein. Ich als kompletter Laie tue mir schon schwer, die entsprechenden Korrelate in den antiken Sprachen zu finden, und die sind vielleicht auch nicht ganz eindeutig. Nebenbei bemerkt, das soll hier auch nicht unbedingt eine wissenschaftliche Abhandlung werden! Da gibt es einmal den Infinitiv „einai", lateinisch „esse", substantiviert „das Sein". Infinitiv ist bekanntlich die Nennform, die Repräsentationsform eines Verbums, eines Zeitworts, in diesem Fall des Hilfszeitworts „bin, bist, ist" usf., nichts weiter. Von etwas zu sagen, dass es ist, wird häufig als unvollständig aufgefasst, kann aber auch ganz einfach bedeuten, dass es existiert. Sein kann also die Bedeutung von „etwas existiert" haben, oder es stellt ganz einfach die

Verbindung zu einer Eigenschaft her, zu einer Bestimmung, einem Attribut: „Etwas ist …" Sein kann also ausdrücken, dass etwas ist und dabei helfen auszudrücken, was etwas ist. Letzteres könnte dann in konzentrierter Form auch als das Wesen bezeichnet werden, und hier setzt bereits ein gewisser Kuddelmuddel ein, denn Sein und Wesen sind nicht dasselbe. Das altgriechische Wörtchen „ousia" bezeichnet aber beides, wenn ich nicht falsch informiert bin. Und dann gibt es noch die neutrale Form des Präsenspartizips „to on", „das Seiende" als Bezeichnung einer konkret existierenden Entität. Alles ein bisschen kompliziert, und dabei geht es nur um verschiedene Verbalformen des Wörtchens „bin, ist" usw.

Jetzt könnte man ins Mittelalter schwenken und sich vorstellen, Zeuge einer scholastischen Diskussion an einer Universität, im Kapitelsaal eines Klosters oder sonst irgendwo zu sein, und es geht um die Bestimmung oder Beschreibung des zentralen Glaubensinhalts, Gottes. Auch hier leistet das Hilfszeitwörtchen erstaunliche Dienste: „Gott ist." Aus. Des weiteren: „Gott ist allmächtig, Gott ist die Liebe" und weitere theologische oder Glaubensinhalte. Dann wird dieses Hilfsverb „sein" ziemlich umfassend gebraucht, denn Gott umfasst auch alles, was ist. Und wenn man dann in die Neuzeit wechselt, geht es halt eher um die Beschreibung der Welt, es entstehen Enzyklopädien, und zu jedem Begriff, der erläutert wird, kann man sich denkend ergänzen: „ist:". Also das Sein. Derart umfassend, dass ihm sogar ein eigenes Fach gewidmet ist, die Ontologie.

Wenn ich mir aber jetzt den Kopf zerbrechen will über das Sein, kommt es wohl eher zu einer Überhitzung, als dass ich ein Ziel, ein Ende erreiche! Ich könnte in der Not auch noch einen Seitenblick auf die umgangssprachliche Verwendung des Wortes riskieren, und dort taucht es meist in Verbindung mit einer Negation auf: „Das kann oder darf nicht sein; das darf doch nicht wahr sein!", oder ähnliches. – Wo ich das schreibe, fällt mir auf, dass ich vor allem den österreichischen Sprachgebrauch im Kopf habe, in Deutschland kann man vielleicht auch ein affirmatives „So muss das sein!" hören, und ganz allgemein gibt es ja auch noch: „So ist das nun mal!"

Wie gesagt, ich treibe hier keine Ontologie, aber die unglaubliche Aufblähung oder ein Stück weit auch Verballhornung des Hilfszeitworts (!) lässt sich dem Ansatz nach unter Umständen so erklären: Das Sein ist eine philosophische oder existenzielle Verkürzung von „unbewusst sein". Und das Unbewusste lässt sich ja nicht so genau erklären! Jedenfalls stellt es aber eine Verbindung zur Praxis her, vielleicht auch in einer Art, die eher verborgen bleiben sollte. Das Sein ist von Anfang an auch ein Code für etwas Ungehöriges, etwas, das geheim bleibt, etwas, mit dem ich innerlich vielleicht nicht zu Rande komme … Und Freud, so könnte ich jetzt fantasieren, gab diesem dann den Namen Unbewusstes. Aber so weit sind wir noch nicht! Zunächst noch einmal zur konkreten Wortbedeutung: Das Sein stellt eine Gleichheitsrelation her. In unserem logischsten System, der Mathematik, bedeutet „ist gleich", dass links und rechts des Gleichheitszeichens äquivalente Werte stehen müssen. Und dieselbe Funktion hat das „Ist" ja auch im normalen Sprachgebrauch, vielleicht logisch nicht ganz so scharf. Es geht also auch um einen Ausdruck der Wahrheit. Und hier kommen wir von einer anderen Seite in den oben bereits genannten Kuddelmuddel hinein, denn die Trennung zwischen objektiver und subjektiver oder persönlicher oder innerer Wahrheit kann nicht deutlich gezogen werden, das Allgemeine und Besondere der Sprache werden vermischt. Ich muss mir unter Umständen autoritär Fakten aufdrücken lassen, und andererseits kann ich meine Wahrheit nicht genügend facettenreich äußern. Das Wort Sein breitet seinen Mantel darüber, Kollektives und Subjektives oder auch Individuelles werden nicht genau getrennt.

Und wenn ich die genaue Äquivalenz der Mathematik nehme, dann kommt mir vielleicht der leise Verdacht, dass das ganze System mathematischer Terme und Verbindungen vielleicht irgendwo am Rande ausfranst, in sich inhomogen wird, und das lediglich aufgrund der zentralen Verwendung des Hilfszeitworts als grundlegender mathematischer Relation! Und von der strengen Wissenschaft Mathematik ausgehend, könnte ich vielleicht die gesamte Realität anzweifeln, ebenfalls einfach aufgrund des unscheinbaren Hilfszeitworts! Positiv könnte ich aber vorsichtig feststellen: Der Ausdruck Sein bedeutet nur, dass die Sprache zur Anwendung kommt. Und auf mich als Person bezogen: „Ich bin" bedeutet, dass dieser Körper sich als Sprechenden wahrnimmt. Es geht also in erster Linie um die Sprache, und die oben beschriebene Perspektive lässt den ungewöhnlichen Schluss zu: Das Sein ist die Sprache aus der Perspektive der Mathematik. Aber wozu? Was bringt das? Eine weitere Charakterisierung: Sein ist die allgemeinere Kategorie zum Begriff Wesen. Und es wurde, glaube ich, bereits erwähnt, dass sich das Allgemeine der Sprache nur auf Dinge anwenden lässt und in Bezug auf den Menschen „Dingeigenschaften" beschreibt. Also gaaaanz streng genommen dürfte ich die Sprache auf einen Menschen gar nicht anwenden, denn das wird dessen natürlichem Wesen nicht gerecht! Aber „natürlich" gehört die Sprache zum Kommunizieren, und worüber unterhält man sich lieber als über andere? Also das Sein! Und es ist in gewisser Hinsicht ein Überbegriff zum Wesen, das ich persönlich so eher als die Beschreibung natürlicher Eigenschaften verstehe. Überbegriff heißt aber hier nur, dass es um eine Spur oder eine Stufe abstrakter ist! So ähnlich wie bei Gefühlen und Emotionen.

Gefühle sind unmittelbarer Ausdruck von Empfindungen, aber eben auch schon sprachlich formuliert. Und Emotionen …

Vielleicht darf ich im Kontext dieses Briefes auch ein anderes Wort noch kurz einfügen, das Prinzip. Jetzt wird dieser Ausdruck breit verwendet, kommt in diversen Fächern und Zusammenhängen vor, und ich bin kein Experte! Wörtlich aber scheint es mir eine Zusammensetzung aus den beiden lateinischen Wörtern „primum, das erste" und „capere, nehmen" zu sein, heißt also etwa „das erste nehmen oder auffassen" oder „zuerst auffassen" oder so ähnlich. Und dazu kommt dann unter Umständen noch ein Quäntchen Sturheit, und fertig ist das Prinzip! Nein, im Ernst: Prinzipien sind emotionsbasierte Verhaltensweisen. Oder mit einem Schuss Psychologie: Ein Prinzip ist ein Wahrnehmungsfilter, der das Verhalten bestimmt. Und so ein Prinzip kann nur aus Sprache bestehen, vielleicht Sprache verbunden mit Emotionen, aber die sind unbewusst sowieso dabei. Jetzt erleichtern Prinzipien einerseits möglicherweise das Verhalten, vor allem wenn es um Materien geht, die einem nicht leicht zugänglich sind, aber andererseits entsteht dadurch vielleicht auch inadäquates Verhalten, weil ein Satz oder ein Wort, eine Kognition kaum der Natur eines Gegenstandes gerecht werden kann.

So ähnlich wie ‚Charakter' oder charakteristisch: Kann auf Dinge angewendet werden, auch auf ideelle Entitäten, Strukturen, aber wenn es auf den Menschen angewendet wird, wird es heikel, moralisch oder gar moralinsäurehaltig. Dabei bezeichnet Charakter nur eine positive Bewegung in der Zeit, einen Prozess: Charakter ist das Bestreben der Übereinstimmung mit dem Selbst. Fehlt diese Richtung oder Haltung, könnte man das Attribut charakterlos verwenden, aber das hat einen unübersehbaren, moralischen Beigeschmack, gefährdet vielleicht gar den guten Ruf und so fort! Und dennoch wäre eine Formulierung zulässig wie: Menschen, die keinen Charakter haben, handeln nach Prinzipien. Das ist dann, wie erwähnt, keine moralische Feststellung, sondern eine psychologische oder auch philosophische Beschreibung.

Und jetzt wieder zurück zum Sein! Das Sein äußert sich konkret im einzelnen Seienden, über die Sprache in Dingen. Ich wiederhole hier ein bereits erwähntes Sätzchen: Ein Ding ist ein Seiendes, vermittelt Dauer und erhält Sprache. Und die Substanz des Seienden ist dessen Emotionalität. Hier wird an der konkreten Ausprägung des Seienden das Problem des Seins angesprochen, nämlich die Annahme eines notwendig unbekannten, sprachlichen Kollektivs als Grundlage des persönlichen Ausdrucks. Und im Sein wird diese „Fehlkonstruktion" wieder kollektiviert. Objektiviert enthält das Sein demnach die Sprache plus die Summe aller persönlichen Geister, die jemals in die Sprache eingeflossen sind, also den „kollektiven Geist". Wie gesagt, ich treibe hier keine Ontologie, aber das Sein scheint mir doch auch mit einem kritischen Vorzeichen versehen zu sein! Um das Sein entproblematisieren zu können, müsste man den Geist auflösen – so viel zur Mathematik der Psyche. Nun kann ich es selbstverständlich nicht mit einem ganzen Kollektiv aufnehmen, aber darum geht es auch nicht; ich brauche ihm nur den Boden zu entziehen, das heißt, ich müsste die Verantwortung für meinen persönlichen Sprachgebrauch übernehmen.

Das Sein ist wohl einer der unbefriedigendsten Begriffe des philosophischen Spektrums! Unter dem Anschein bloßer Grammatik lassen sich allerlei Zusätze verbergen, von Emotionen und dem Unbewussten bis hin zur Kognition Besitz und letztlich auch der Lüge, dem Irrationalen. Will man noch weiter gehen, könnte man hier den Unmut alter Völker wie zum Beispiel der Achäer spüren, selbstverständlich nur spekulativ, eines kriegerischen Stammes, der über den Bosporus nach Europa einwanderte und in Kleinasien etwa Troja zerstörte. Der Unmut von Menschen, die mit dem Tod konfrontiert werden in grausamer und häufig sinnloser Art und die dann in subtiler Weise versuchen, die Sprache dafür verantwortlich zu machen. Ein Nicht-übereinstimmen-Wollen mit der eigenen Kultur.

Und diese Unbestimmtheit mit destruktivem Beiklang überträgt sich dann auch auf das Präsenspartizip des Hilfszeitworts, das Seiende. Das Seiende auf Dinge angewendet, reißt niemanden von den Socken; für den Menschen gebraucht, schafft es ein beinahe unlösbares Problem. Seiendes konstatiert zeitliche Präsenz und nimmt Anteil an der Illusion Dauer. Wenn ein Ding nicht mehr ‚ist‘, landet es wahrscheinlich auf dem Müllplatz und niemand fragt mehr danach, außer die Fachleute der Recyclingwirtschaft und so fort. Beim Menschen besteht der Name über den Tod hinaus fort, und es wird das Problem des Todes aktualisiert. Sein klingt so unschuldig und harmonisch, weil es hauptsächlich mit Attributen verbindet. Es hilft, einen ganzen Satz herzustellen. Und überhaupt geht es bei diesem Terminus in allererster Linie um Grammatik in durchaus missbrauchter Verwendung! Die Theologie hätte und hat einen anderen Anspruch, aber das ist hier nicht mein Thema …

Mir bleibt dann nur noch, quasi von der Grammatik her festzustellen, was das Seiende so charakterisiert. Seiendes wird unmittelbar wahrgenommen: Urteil ist die unmittelbare Wahrnehmung eines Seienden. Heißt nicht viel, außer dass die ursprüngliche Wahrnehmung der Wahrheit am nächsten kommt. Und derartige Urteile äußern sich in Sätzen und Kategorien. Also einerseits wird die Sprache entmystifiziert, andererseits stellt sich das Problem, wie man einen Menschen beurteilen sollte oder überhaupt kann. Und hier löst sich der ganze Zauber des Seins sehr rasch in nichts auf: Wenn man einen Menschen beurteilen möchte, unterdrückt man ihn. Ich kann existenzielle Faktoren bestimmen, aber nichts über den anderen selbst aussagen. Alles, was ich im ersten Moment erkennen kann, ist sein Verhaltensansatz, und der verweist lediglich auf den Geist! Und wenn ich den Geist beurteilen möchte – ja dann, viel Glück! Wiederum schön zusammengefasst: Den Menschen als Seiendes zu nehmen, reduziert ihn auf den Geist. Und das Sein des Seienden ist demnach das Rätsel aller philosophischen Rätsel schlechthin ...

Also das Sein. Es sieht so schön ordentlich aus wie alles in der Grammatik, hat es aber ganz schön in sich! Oder besser gesagt, es fehlt ihm etwas zur genauen Bestimmung als philosophischer Terminus und, wie gesagt, die Religion kann damit besser umgehen, denn eine deren Hauptperspektiven ist jene vom Tod her. Auf den Menschen angewendet, schlägt sich das Sein jedoch, weil hier nicht genau zwischen Dingen und natürlichen Wesen unterschieden wird, abgesehen davon, dass dieser Unterschied ohnedies nicht absolut ist. Über die Sprache gilt: Das Seiende verliert den natürlichen Charakter und wird Zeit. Und was heißt Zeit dann? Zeit ist die illusionäre Spannung zwischen Leben und Tod. Oder: Zeit ist die Illusion einer Distanz, die noch zu gehen ist. Alles Umschreibungen, nix Genaues – und da hilft einem das Sein auch nicht viel weiter! Im Gegenteil, man könnte sogar das Sein umgekehrt von der Zeit her zu bestimmen versuchen: Die objektivierte Zeit ist der Taktgeber der Furcht vor dem Sein. Und fürchten tue ich mich unter Umständen mehr vor etwas, das ich nicht so genau kenne ... Jetzt ist die objektive Zeit eine nicht weiter ableitbare, physikalische Größe, also die kleinste, verteidigbare Bastion der Genauigkeit, und psychisch könnte ich sie als Taktgeber der Furcht vor dem Sein auffassen! Was ist dann dieses Sein? Ein monströses Hilfszeitwort? Genau dieses Zusammenspiel von grammatikalischer Bestimmbarkeit und einem nicht erklärten Freiraum, der mit allem Möglichen gefüllt sein könnte und vielleicht auch ist, charakterisiert das Wort.

Aber vielleicht sollte ich mich jetzt doch endlich dem lange aufgeschobenen Vorhaben widmen, auch die Zeit ein wenig zu Wort kommen zu lassen!

Herzliche Grüße,

Erich Maier

23. September 2020

Liebe Mikaela,

am Beginn meiner begrifflichen Eskapaden habe ich mich kurz mit dem Geist beschäftigt, jetzt gegen Ende kommt die Zeit aufs Tapet. In gewisser Hinsicht schließt sich also ein Kreis, allerdings offensichtlich ein Kreis der nicht einfach greifbaren Begriffe. Auch die Zeit gibt in dieser Hinsicht etwas auf!

Entsprechend schwierig gestaltet es sich auch, einen idealen Ausgangspunkt zu finden, um in die Sphäre dieses Wortes einzudringen. Aber eigentlich ist es egal, wo man anfängt, letztlich kommt es wahrscheinlich nur darauf an, diese Sphäre weitestgehend abzudecken, und das ist mit Worten gar nicht so leicht! Die Zeit, so könnte ich gleich vorwegnehmen, ist eine philosophische Vorbedingung des Bewusstseins.

Angenommen, die Zeit wäre „etwas", ganz egal, ob flüssig, fest, gasförmig oder auch nur gedanklich, etwas, das man sich vorstellen kann, wie ich das in anderem Zusammenhang schon erwähnte: Das Ich ist im Wesentlichen der Stolz auf die Vorstellung von Zeit. Dann setzte die Zeit, hier konkret über das Wort „ich" auch schon die Sprache voraus: Die Zeit bekommt ein Mensch von den anderen sprachlich übermittelt. Und das Ganze passiert aber schon lange, bevor das Kind zu sprechen beginnt! Deshalb die Beifügung „philosophisch". Auf die Existenz der Zeit kann man, streng genommen, nur durch Schließen kommen.

Eine der Zutaten zu diesem Begriff ist also die Sprache, die bereits vorhanden sein muss. Eine weitere, korrelierend zur Sprache, sind dazugehörige Objekte, Dinge, die durch Worte bezeichnet werden: Zeit ist die Spannung zwischen Worten und bezeichneten Objekten. Die Zeit dürfte demnach eine Form von innerer Energie darstellen. Und da wir gerade beim Umkreisen dieses Wortes sind, könnte ich noch eine weitere Facette anführen: Zeit ist Verdichtung der Intentionalität des Begehrens. Die Energie, welche die Zeit generiert und damit zur Verfügung stellt, äußert sich unter anderem, eigentlich wohl hauptsächlich als eine Art Antrieb zur Flucht vor der Wirklichkeit, womit wir auch die Seite beleuchten können, deren Grenzwächter die Zeit darstellt, das „Künstliche" der Kultur. Doch es erübrigt sich zu sagen, dass die Energie der Zeit, sofern diesem vermuteten Ding eine Realität zukommt, von der Natur stammt, konkret von der jedes einzelnen menschlichen Körpers. Und dann geht das bis zur Grammatik, in der die Zeitstufen der Vergangenheit,

Gegenwart und Zukunft unterschieden werden.

Die Zeit reicht also quasi vom Nichts bis hin zur mathematischen Grundgröße, und es bleibt dabei stets fraglich, ob diesem Wort in der Realität tatsächlich auch etwas entspricht. Wie geht das? Obwohl ich selbst keine Kinder habe, betätige ich mich doch mit Vorliebe als eine Art Kinderpsychologe, und so könnte ich versuchen, auf diese Weise eine, wenngleich sicherlich wackelige Vorstellung zusammenzubekommen. Wie gesagt, die Ursprünge liegen im Dunkeln. Ob etwa der Rhythmus des Herzschlags der Mutter für den Fötus schon eine Vorarbeit im Hinblick auf die spätere Zeitvorstellung leistet, sei dahingestellt. Das Baby wird jedoch mit Objekten konfrontiert, zunächst mit anderen Personen, aber auch mit Dingen. Und eine erste Ahnung von Zeit könnte sich einstellen, wenn das Baby bemerkt, dass ‚Ganzheiten‘ unterschiedliche Zeitabläufe enthalten können. Ein Ding etwa, ein Spielzeug, wird vielleicht zunächst auch als Ganzheit betrachtet vergleichbar mit der eigenen, und dann kann so ein Ding aber kaputt gehen oder einfach aus dem Blickfeld entschwinden, einem weggenommen werden, obwohl man damit noch gar nicht fertig ist, und so fort. Es gibt auch andere Taktungen in der Welt, es gibt sogar eine ganze Welt. Die Sprache gibt vor, die Welt zu beschreiben, aber da fehlt noch etwas, damit das Ganze auch zusammenpasst, zumindest innerlich, also die Zeit: Zeit ist eine innere Fügung mit der Tendenz zur Auflösung – denn das Kind möchte ja den natürlichen Zustand, den es von Anfang an hat, nicht so einfach aufgeben! Aber es ist ausgesetzt, der Sprache und auch der Kultur, und so ist es nur eine Frage der Zeit, bis sich in diesem nachwachsenden Menschen ein spezifisches Bewusstsein der Zeit ausgebildet hat.

Die Zeit ist also offensichtlich doch „etwas“, aber sie ist notwendig bei jedem einzelnen Menschen so unterschiedlich, dass man das kaum unter dem Dach eines Begriffs versammeln kann, mit Ausnahme vielleicht unter dem Aspekt der Energie. Und die Zeit, eigentlich ein Wort für eine Hypothese, kann genauso gut schillern wie als graue Maus einer physikalischen Formel daherkommen. Sie ist etwas, und die Betonung liegt dabei auf dem Sein, was sich im Körper unter Umständen dann als konstant erhöhter Tonus des Wachbewusstseins präsentiert; aber das ist wissenschaftlich nicht nachgewiesen. Und die Zeit arbeitet eng mit dem Geist zusammen, den ich früher schon einmal etwa so bestimmen konnte: Der Geist entspringt aus der Fähigkeit des Menschen, Sprache zu bilden. Zeit und Geist gehören irgendwie zusammen, und sie können in einem bedeutsamen Moment auch aufgelöst werden.

Ein wenig unerwartet stellt sich die Zeit grosso modo als etwas spezifisch Menschliches dar, als Grundgröße der menschlichen Kultur sozusagen, und es ist damit nichts darüber ausgesagt, dass es Zeit „da draußen" in der Natur oder auch nur in bezeichneten Dingen so gibt. Dieser Gedanke ist jetzt nicht meine Erfindung, aber ich werde ihn wohl auch erwähnen dürfen! Subjektiv dürfte man also sagen: Zeit ist Ausdruck für etwas noch Unausgegorenes beim Menschen; und objektiv ließe sich von derselben Warte konstatieren: Der Begriff Zeit ist viel zu groß für die menschliche Reflexion. Also ab zur Mathematik, vielleicht findet sich dort etwas, woran man sich festhalten könnte! Und hier fällt gleich eine enge Verknüpfung der Anschauungsformen des Raumes und der Zeit auf: Zählen ist das zeitliche Aneinanderfügen von Ortspunkten. Eins, zwei, drei, vier Bäume, Kinder, Knollenwurzeln oder sonst etwas. Voraussetzung, und das muss ich aber nicht immer dazusagen, ist die Sprache. Und Zählen selbst bezeichnet einen Ablauf, ein Geschehen in der Zeit. Man ahnt dabei aber schon, dass man mit dem Terminus Zeit in gewisser Weise im Kreis geht, einerseits wird er als Voraussetzung gefasst, andererseits ist er Teil des konkreten Geschehens. Die Katze beißt sich selbst in den Schwanz! Die Natur, nebenbei bemerkt, hat dieses Problem nicht, aber das wiederum kann ich aus menschlicher Perspektive nicht begründet behaupten – oder etwa doch?

Also eine andere Perspektive! In dieser könnte ich die Zeit so zu definieren versuchen: Zeit ist die Qualität intersubjektiven Zusammenlebens. Der Geist, so wurde bereits erwähnt, steht für das Subjekt, die Sprache könnte als Paradigma menschlicher Intersubjektivität genommen werden. Hier schwingt beinahe ein Touch von Grammatik mit, mit Regeln und allem, was dazugehört. Und wenn ich nun noch einen Schritt weitergehe, dürfte ich behaupten: Zeit heißt, ich fühle mich der äußeren Einflussnahme verpflichtet – eben, weil die Zeit sowohl eine Voraussetzung als auch Teil des ablaufenden Prozesses ist. Was das Baby von klein auf als Enkulturation erfährt, ist unter anderem ein implizites Verständnis von Zeit, und der Prozess dieses Verstehens erstreckt sich wohl über Jahre hin bis zum ersten Geschichtsunterricht in der Schule. Sozusagen gratis mit dabei ist der Übergang von einer subjektiven Zeitauffassung als Grundvoraussetzung des Spracherwerbs zu einem objektiv fassbaren Zeitbegriff, von dem unter anderem auch in der Mathematik die Rede ist. Nochmals aus unterbewusster, kindlicher Perspektive: Zeit ist eine Anpassung des Bewusstseins an seine Umgebung; und das ist kein Opportunismus, denn ohne Zeit gibt es keine Sprache, auch keine Objekte, nichts, was die menschliche Kultur so ausmacht.

Im Brief über den Geist fiel einmal das Sätzchen: Ursprung ist die Verlagerung der Aufmerksamkeit vom Ich zum Du. Und das passt nahtlos auch auf die Zeit, allerdings in viel umfassenderem Rahmen.

Jeder innerlich wahrgenommene Bruch von hypothetischen Ganzheiten ist ein Signal für eine Entität, die später mit „Zeit" bezeichnet wird. Und umgekehrt, in Bezug auf die Innenwelt lässt sich dann feststellen: Zeit ist die Basis der Aufspaltung unserer Subjektivität. Die Zeit führt also zu einer objektbedingten Fragmentierung des Bewusstseins, und der Geist nimmt diesen Zustand bereits als Voraussetzung. Und zugleich versteht sich die Zeit wohl auch irgendwie als ein Tool der Natur, eine Art von natürlichem Kitt, der auch in der künstlichen Welt eine Ganzheit herstellen soll, sei es vielleicht auch mit magischem Beiklang. Muss auf diese Art scheitern, sagt uns die aufgeklärte Wissenschaft, aber das bedeutet nicht, dass das gesamte Projekt der Zeit nicht irgendwie einer Lösung zugeführt werden kann, allerdings nicht durch irgendeine Hinzufügung, sondern in der Übereinstimmung zwischen Voraussetzung und Ablauf in einem konkreten Geschehen. Und das wäre dann sowohl subjektiv als auch objektiv, beides in einem, nämlich dem Nichts der Natur.

Und jetzt könnte ich diesen Ansatz verallgemeinern, was rein wissenschaftlich betrachtet doch ziemlich fragwürdig erscheint. Eine Hypothese verallgemeinern, wo führt das hin? Weiß ich nicht, muss ich aber auch nicht, denn das Ganze ist ein Fakt. Die Menschheit hat uns sozusagen vor vollendete Tatsachen gestellt im Hinblick auf die Existenz einer Zeit, welche implizit wiederum die Grundlage der gesamten Welt repräsentiert. Um aber noch kurz im Rahmen der Grammatik zu verweilen, dürfte ich eine Seite herausstellen: Die objektivierte Zeit lenkt ab vom Geist der Subjektivität. Was wir damals im Geschichtsunterricht so schön romantisch erfahren haben, früheste Gelehrte gucken vom Dach eines Palastes in Babylon in den Sternenhimmel und erschließen nach bedächtigem Prozess irgendwann die Existenz eines Kalenders, war vielleicht nichts weiter als ein Ablenkungsmanöver von den Unfasslichkeiten der menschlichen Existenz. Aber diese bietet nicht nur Grauslichkeiten, sondern auch Notwendiges, die Erfüllung von Bedürfnissen und so weiter. Auch hier dürfte ich verallgemeinern: Existenz bedeutet, ich bin bereit, die Zeit zu akzeptieren. Und dieser Aspekt der Zeit liegt nahe an den Kognitionen von Eigentum und Besitz. In Bezug auf die Psyche wäre jedoch die gesamte Wahrnehmung Thema und die Brüche, welche die Objekte phänomenologisch im Subjekt hinterlassen. Nochmals umgekehrt – die Lebensenergie richtet sich nach draußen – führt das dann zu einer Feststellung wie: Was immer geschieht, ist Ausdruck der subjektiven, inneren Zeit. Und damit ist offensichtlich eine Trennung des Bewusstseins in Schichten vollzogen: auf der oder knapp über der natürlichen Schichte der Wahrnehmung liegt noch eine künstliche Schichte der Realität, und Letztere ist der gewohnte Boden des Alltags- oder Wachbewusstseins. Dass diese aber künstlich ist, heißt, sie muss durch ständige Energiezufuhr gestützt werden, eben durch die Energie der Zeit. Zugegeben, klingt ganz schön hypothetisch, aber so dürfte das mit der Zeit nun mal sein! Aber selbstverständlich, und das habe ich vorhin unterschlagen, lebt der Mensch auch für sich, gibt es eine Innenwelt und ein inneres Dasein, und auch hier ließen sich die soeben gestrichenen Farben hereinziehen: Die Substanz aller psychischen Phänomene ist letztlich die Zeit; was aber auch wiederum den ein wenig künstlichen Charakter jener betont. Zeit bedeutet also irgendwie eine Distanz zur Natur, und die stellt sie durch ihre eigene Energie selbst her.

Es mag vielleicht überraschen, aber an dieser Stelle kommen wir wieder in den Bereich von Wahrheit und Wirklichkeit, Seele, Verantwortung und Ethik hinein. Das Baby ist zunächst ein Individuum, wird dann eine Person und ein Subjekt und findet im

Laufe seines Daseins als Erwachsener wieder zu Komponenten der eigenen Individualität. Und die Zeit stellt hier quasi den frühesten Störfaktor dar, aber einen notwendigen Störfaktor, den jedes Bewusstsein aufnehmen und auf eigene Art im eigenen System konstituieren muss. Ausgang sind hier aber nicht Emotionen oder Kognitionen, sondern die schlichte Wirklichkeit, aktiv und passiv, das eigene Leben, die Wahrnehmung, die Erfahrungen, die jemand macht. Das Individuum möchte gleichsam die Natur umsetzen, die Existenz von kulturellen Elementen macht ihm aber einen Strich durch die Rechnung. Diesem Bereich entsprechend, ließen sich hier diverse mystische oder unter Umständen auch esoterische Motive anführen, von der „Einfaltung" nach innen hin – die Dunkelheit wird quasi zu einer Substanz und lässt sich wie ein Vorhang raffen – bis zu den Schöpfungsmythen in den heiligen Schriften aller Kulturen. Die Zeit tritt hier stets als Folge der Sprache auf, etwa auch wenn der Heilige Augustinus in seinen Memoiren Gott direkt anspricht und sinngemäß fragt: „Mit welchen Worten hast Du damals die Welt geschaffen?" Schöpfung stellt eine Ordnung her, und in erster Linie wohl eine Ordnung der Sprache bis hin zur Grammatik. Aber ich möchte hier jetzt nicht noch einmal zum Sein abschweifen!

Die Zeit ergibt sich in diesem Bereich einfach – und auch das ist hypothetisch! – als erste Konsequenz des Aufeinandertreffens des Kollektiven der Kultur mit dem Individuellen in einem Bewusstsein. Das Baby bemerkt sozusagen, dass es eine Störung gibt, die so konsistent ist, dass sie eine eigene Entität zu werden beansprucht. Das Baby kann die Natur nicht verwirklichen, dem steht die Kultur im Wege. Und das Baby muss diese Tatsache akzeptieren. Und es wird bald davon abgelenkt durch die Existenz diverser bunter Gegenstände bis hin zur Aufmerksamkeit auf die Sprache der engsten Bezugspersonen. Die Irritation weicht sozusagen einer lebenslangen

Akzeptanz von Zeit, zumal diese Zeit auch die Existenz und einen möglichen Besitz von Gütern verspricht. Im Bereich der Ethik und Wirklichkeit wird dadurch aber eine Art Zweifel gesät, oder besser, eine Unsicherheit gestreut, welche dann im Bereich der kognitiven Strukturen im Extremfall zu Verzweiflung führen kann, wenn sich das wärmende Gewand positiver Empfindungen einmal eine Zeit lang aus der Existenz zurückziehen sollte. Ausgang der menschlichen Existenz ist überraschenderweise der Bereich der Wirklichkeit, und über den Beistrich, den Bruch und später den Faktor Zeit wird die natürliche Individualität auf die Seite einer Kollektivität verlagert, die kein Individuum jemals ausreichend ergründen kann, die aber durch die Regeln und Strukturen der Sprache repräsentiert wird. Und damit kommt dann, objektiv betrachtet, die Möglichkeit der Destruktivität in die Welt.

Wenn ich noch einmal mein siebenschichtiges oder –stufiges Sandplatzmodell heranziehen darf, dann befinden wir uns mit den obigen Überlegungen auf der fünften Ebene. Hier macht ein Baby hypothetisch die ersten Erfahrungen mit dem Störfaktor Zeit. Und man könnte dann ebenso hypothetisch zusehen, wie sich dieser Faktor durch die Schichten abwärts hindurch fortpflanzt und dabei seine Spuren hinterlässt, durch die Sprache zu den Strukturen und Objekten, bis hin zum persönlichen Ausdruck von Emotionen im Erwachsenenleben. Und dabei ist die Zeit stets ein Merkmal für die kollektive oder künstliche Seite des Bewusstseins, mithin für eine Energie, welche die Psyche ein wenig abhebt vom Boden der Natur. Ich könnte das mit einem ganzen Arsenal ähnlich klingender Sätze zu untermauern versuchen: Zeit ist ein Antrieb, der das Bewusstsein von der Wirklichkeit entfernt. Die Illusion Zeit ist der Antrieb zur Flucht vor der Wirklichkeit. Zeit ist eine geschlossene Fluchtbewegung vor der Wirklichkeit. – Bei all dem bleibt der hypothetische Charakter der Zeit erhalten, sie manifestiert sich jedoch als etwas real Wirksames und Künstliches. Die Motivation dazu ist letztlich persönlich und könnte nur grob erschlossen werden, sie hat mit einem unangenehmen Aufeinanderprallen von Dingen im Bewusstsein zu tun, die nicht zusammengehören. Später kommt zunehmend noch der rationale Anspruch des Denkens dazu: Zeit ist eine Normalbewegung zur natürlichen Wahrnehmung. Zeit bezeichnet die normale Fluchtbewegung vor der Wirklichkeit. Ein Touch von Philosophie gesellt sich hinzu: Zeit ist Energie, die das Bewusstsein in die Illusion hebt. Die Moral: Die Spannung der Zeit hebt das Bewusstsein in den Status der Lüge. Und eine Befürchtung des Unterbewusstseins: Die Energie der Zeit hebt das Bewusstsein ins Unnatürliche. Und schließlich landet man wieder auf der unabänderlichen Ebene der Sprache: Die Energie der Zeit hebt uns auf das Niveau von Vorurteilen. Die Zeit ist ein Vorurteil, das in der Wirklichkeit niemals zutrifft.

Über die scheinbare Fragmentierung des Bewusstseins im Rahmen der Sprache akzeptiert sich der Heranwachsende schließlich selbst als Ding, auch wenn das der eigenen Natur zuwiderläuft und mit allerlei negativen Ausdrücken belegt werden könnte. Aber über die Sprache wird man zum Teil der Welt, und das geht wieder nur um den Preis der eigenen Dinghaftigkeit. Und überhaupt, um die Sprache kommt man nicht herum, das signalisieren einem alle anderen! Also könnte ich schließen: Zeit sind alle Vorurteile (Ausdrücke, Wörter), die einen Menschen zum Ding machen, also wohl die Sprache insgesamt plus die damit verbundenen Emotionen, subjektiven Interpretationen, gedeuteten Erfahrungen, und so fort, die gesammelte und gerammelte Subjektivität, oder anders benannt: der Geist.

Nach außen hin gilt: Die Anwendung der Zeit auf Menschen schreibt ihnen den Dingstatus zu. Und hier könnte man kurz abschweifen in den Bereich der Macht hinein, der in demokratischen Zeiten nicht mehr so relevant sein dürfte, sich aber im persönlichen Alltag auf subtile Weise erhalten hat: Macht besteht in der Anwendung von Dingeigenschaften auf Menschen. Noch einmal, Zeit bedeutet, ich fasse mich selbst ein Stück weit als Kollektiv auf, was logischer Unsinn ist, seltsamerweise oder magisch jedoch in der Realität Platz hat. Dann muss ich aber auch bereit sein, die Anwendung der Zeit auf mich zu akzeptieren, so wie sie auch auf jeden anderen eines unbekannten Kollektivs angewendet werden kann. In hierarchischen Zeiten mag das unangenehm sein, in der Demokratie ist man jedoch ausreichend persönlich geschützt. Und so lässt sich heute umgekehrt behaupten: Die Annahme, Macht über jemanden zu haben, ist ein Irrtum. Das ergibt sich auch aus der inneren Logik der Natur! Und noch weiter: Wer andere wie Dinge behandelt, entfernt sich von seinem Selbst. Aber ganz unabhängig davon, ob jemand mein Vorgesetzter ist, um die Sprache kommen wir alle nicht herum! Doch ließe sich pathetisch subsumieren: Alles Elend kommt daher, dass wir Menschen wie Dinge behandeln. Eine weise Vorsehung führt uns jedoch wieder an den Ausgangspunkt zurück: In Leid und Elend kann ein Mensch über die Sprache hinausgehen.

Die Hypothese der Zeit ist also in der Sprache und in Objekten gleichermaßen vorhanden, und sie bleibt als innere Zeit stets hypothetisch, wird dann aber über Konventionen selbst zum Objekt erhoben. So erlebte ich einen Satzrülpser: Das Mysteriöse, das Worten implizit anhaftet, ist Zeit. Und auf der anderen Seite: Zeit ist latent in Objekten vorhanden, Zeit selbst existiert nicht. Die Zeit ist demnach hauptsächlich die Spannung zwischen Worten und den dargestellten Objekten. Oder in die Richtung der Konventionen: Das gemeinsame

Element von Sprache und Objekten ist Zeit. Und dann ist es auch nicht mehr weit zur Mathematik und den Naturwissenschaften: Die den Worten inhärente Zeit ist das feinste Messinstrument. Die subjektive Hypothese der Zeit entwickelt sich im Laufe der Menschheitsgeschichte zu einer wissenschaftlichen Grundgröße, die den Alltag strukturiert. Und dabei „schwingt" sie auf einer anderen Ebene als etwa der Raum, Länge und Breite und so fort. Sie ist eine Spur abstrakter, feiner, zudem aber auch hypothetischer: Zeit ist die Illusion, dass die Natur den Zahlen gehorche. Die Zeit hat einen subjektiv kollektiven Anteil, der nicht ergründet werden kann, und objektiv wird sie durch die Unterteilung zyklischer Abläufe in der Natur strukturiert. – Wie dem auch sei, die Zeit existiert auf jeden Fall als objektives, kognitives Element!

In der dynamischen Sphäre der Psyche ließe sich hypothetisch wahrnehmen: Zeit besitzt die beiden Attraktoren Sprache und Kunstfertigkeit. Dazu kommt im menschlichen System aber auch der Geist, und dieser hätte hier freie Bahn oder leichtes Spiel, gäbe es nicht die vielen Formen von Konventionen und Normen! So kann er sich nur irgendwie dazwischen bewegen, und der Schaden bleibt begrenzt. Doch sollte man die Zeit auch von dieser Seite her betrachten: Die Energie der Zeit ist die Manipulation des Geistes. Die Zeit bildet den Kern des Geistes, macht dessen Struktur aus, und letztlich könnte man glatt schließen: Der Begriff Zeit ist die Illusion der Manipulation. Illusion wohl deshalb, weil die Natur trotz allem umfassender, stärker ist!

Noch einmal zur hypothetischen Psychologie der Entstehung der subjektiven Zeit, diese entsteht vielleicht als Wahrnehmung unterschiedlicher Taktungen von Personen oder Objekten. Und das kann für ein zunächst rein natürliches Bewusstsein unter Umständen einen gewaltsamen Charakter annehmen, auch wenn die objektiven Gegebenheiten gar nicht so bezeichnet werden könnten: Zeit ist das Trauma der Relativierung der Dauer der Dinge. Die Brüche, die da im Inneren entstehen, lassen sich nicht sprachlich beschreiben und mathematisch berechnen, werden dann halt unter „Zeit" zusammengefasst und sind wirksam. Unter Hinzunahme später erlernter, kognitiver Strukturen ließe sich umgekehrt spekulieren: Zeit ist die Energie, die künstlichen Objekten ihre Form gibt. Alles sehr hypothetisch, versteht sich! Und dann stoßen wir ins Gebiet der Grammatik zu den Modalverben: Die Zwänge Können und Wollen beruhen auf dem Trauma der Zeit. Dass „Können" ein Zwang ist, versteht sich nicht unbedingt von selbst, und das Wollen schon gar nicht! Aber die Zeit als Signal für das Künstliche, die künstliche Sphäre, genommen, lässt auch diese Modalverben in anderem Licht erscheinen! Man hat keine andere Wahl, man „muss" wollen oder im Hinblick auf bestimmte Eigenschaften oder Fähigkeiten können, wenngleich man sich selbstverständlich auch Fehler leisten darf. Das subjektive, kindliche Erleben ließe sich verallgemeinern: Der Mechanismus der Zeit ist Gewalt gegenüber der Natur. Mit einer beifügenden Erklärung: Zeit bedeutet, dass wir der Natur etwas nehmen, das ihr gehört. Und wir befinden uns hier in einem sehr feinen Bereich psychischer, aber auch materieller Schwingungen! Und, wie gesagt, im Hinblick auf die Strukturierung der menschlichen Welt gilt: Können als Abstraktion ist die Vorwegnahme jeder Gewalt – einfach deshalb, weil die Natur manipuliert wird. Können wird in der Schule und etwa auch im Beruf belohnt, und Wollen ist essentiell für die eigene Existenz. Aber der feine, „halbstufige" Bereich der Zeit erweist auch diese Modalverben bereits als problematisch. Mit mystischer Färbung dürfte man sogar formulieren: „Ich kann" ist eine Täuschung, welche die Illusion suggeriert. Und dann müsste man, wieder in der alltäglichen Realität der Sprache, die ‚lauwarmen'

Modalverben ersetzen durch die weitestgehende Annäherung an die Natur: Die Aufhebung der Sätze „Ich kann" und „Ich will" heißt „Ich liebe". Aber das lässt die Struktur der Zeit nicht so einfach mit sich geschehen!

Um eine kleine Zwischensumme zu bilden: Die Zeit bekommt ein Mensch von den anderen sprachlich übermittelt, sowohl objektiv als Struktur und als Uhrzeit wie auch subjektiv als Voraussetzung des Spracherwerbs und auch des Denkens. Und die Zeit lässt sich von den unteren Schichten des Regenbogenmodells nicht so einfach auf die Sprache rückanwenden, dann kommt es zur Illusion Dauer. Die Sprache wirkt aber sozusagen ganz natürlich in die höheren Schichten der Wirklichkeit und des Selbst hinein, so ist das nun mal bei den Menschen! Und über die Sprache findet auch die Zeit Zugang etwa zum Selbst und damit auch eine grundlegende Potenzialität der Täuschung. Auf der Ebene des Selbst bin ich aber tatsächlich natürlich mit den anderen verbunden, so dicht wie sonst nie, und hier treibt die Energie der Zeit ihren potenziellen Spaltpilz hinein und schafft unter Umständen auch Freiraum für den Geist. Der Funke der Zeit, ein durchaus ambivalentes Fünklein!

Will ich aber der Natur Genüge tun – (und warum sollte ich das wollen?) – dann kann ich auf den Ebenen des Selbst und der Wirklichkeit den potenziellen Spalt der Zeit schließen, indem ich die Sprache „vollgültig" akzeptiere, was, wie ich, glaube ich, schon erwähnt habe, eine Sache der Dankbarkeit ist, auch den eigenen Vorfahren gegenüber. Die Emotion der Dankbarkeit, ehrlich generiert, besitzt das Potenzial, die Zeit in den höheren Schichten des Bewusstseins zu entmachten, einfach indem man sich uneingeschränkt auf die Sprache einlässt. Dass man hier eine Schwelle überschreiten muss, die Furcht vor dem Verlust der Subjektivität aufgeben muss oder der Souveränität über die eigene Person, liegt nahe. Dass Schuldgefühle und andere Motive eine Rolle spielen können, ebenso. Aber Fakt ist nun mal, dass meine subjektive, innere Zeit zu einem wesentlichen Teil darin besteht, wie die Menschen, von denen ich die Sprache gelernt habe, diese verwendeten. Ich kann Worte drehen, wenden, und der Twist, der Spin, der dabei entsteht, pflanzt sich unwillkürlich fort, vor allem an Menschen, die mir nahestehen. Und ich selbst habe diverse Twists von Vorfahren übernommen, und so fort. Und diese Twists haben vielleicht mit bestimmten Ereignissen zu tun, von denen nicht alle so beschaffen sein müssen, dass sie die nachfolgenden Generationen gerne mit übernehmen! Wie schon gesagt: Zeit ist die Übernahme von Bedeutungen von den Vorfahren. Und unter diesem Aspekt: Zeit ist nichts Objektives, sondern eine geistige Verpflichtung.

Ich könnte jetzt von Idealismus sprechen und von der potenziellen Bereitschaft, mein Leben hinzugeben für eine bedeutungsvolle Sache, aber ich könnte mich einfach auch nur mit der Grammatik der Zeit beschäftigen, auch wenn ich in der Schule selbstverständlich nicht so gut aufgepasst habe! Beides hätte dasselbe Ziel, mich von der Vergangenheit zu befreien. Ich selbst würde hier sogar so weit gehen zu behaupten, dass wir mit „Zeit" hauptsächlich die Vergangenheit meinen und das, was wir in der Gegenwart davon durch Denken erschließen. Die drei Zeitstufen der Vergangenheit, Gegenwart und Zukunft zeichnen sich gleichermaßen durch ein ‚Schweben in der Luft' aus, aber jede davon hat doch ihre eigene Bedeutung. Die Gegenwart soll vom Zusammentreffen der Sprache mit der individuellen Wirklichkeit ablenken, die Vergangenheit steht für die Realität, und die Zukunft hat paradoxerweise mit Ethik zu tun, mit dem Selbst, mit der Natur „über" der Sprache. Aber auf ein

Bewusstsein, das keinen Geist mehr hat, ließe sich vielleicht folgende Spitzfindigkeit anwenden: Ewigkeit ist kein Zeitmaß, sondern unbedingte Anwesenheit.

Also dürfte ich auch die Vergangenheit in eine objektive und eine subjektive unterteilen, objektiv mit Daten und Ereignissen, subjektiv mit Eindrücken und sprachlichen Twists. Die subjektive Vergangenheit kann unter Umständen eine Last sein, die objektive kann ich dem aufgeklärten Denken nach nicht ändern. Was fällt mir sonst noch so zur Vergangenheit ein? Psychologisch steht sie für die unerfüllten Wünsche der Gegenwart. Eine der Konsequenzen daraus: Sie muss jeden Augenblick neu erschlossen werden. Die subjektive Vergangenheit steht also nicht für die Phrase „ein für allemal" zur Verfügung, einerseits ein Segen, andererseits potenziell ein Fluch, und in der Mitte? Man ahnt vielleicht schon, die Alternative zur Zeit im Geist ist das Nichts, und das kommt in einer materiellen Kultur doch etwas beklommen daher, auch wenn es eigentlich nichts dafür kann! Das Nichts ist Natur, auch mitten in der künstlichen Realität!

Was könnte man sonst noch zur Vergangenheit sagen? Naja, wie angedeutet, ein Mensch muss ein Leben lang damit fertig werden. Und was übrig bleibt, wird dann am Lebensende prozessiert. Das Denken hilft einem dabei, aber nicht nachhaltig genug, denn an die Zeit nähert man sich am besten im Tun, in der Wirklichkeit an. Womit wir bei der Gegenwart angelangt sind! Diese wird durch das Polster des Unbewussten von der Natur entfernt. Die Energie der Zeit und des Geistes, die Perspektive des Ichs, all das täuscht die Gegenwart über die Natur des Augenblicks hinweg und ist doch nichts weiter als unterbewusste Gewohnheit. Klar, das Ich hat objektive Gültigkeit, auch die Zeit, aber das dient nicht als Entschuldigung etwa für den Geist. Aufgabe der Gegenwart wäre die Vernichtung der eigenen

Destruktivität, und das Nichts in „Vernichtung" könnte durchaus wörtlich genommen werden! Wie ich dahin komme? Wohl nur Schritt für Schritt, indem ich die Sprache ernst nehme, also ehrlich bin zu mir selbst. Und ein bisschen Mut ist wohl auch erforderlich, um mich nicht in der Sprache gefangen zu fühlen!

Etwas prosaisch könnte ich die Gegenwart auch so zu umschreiben versuchen: Gegenwart ist die Feigheit, der Wirklichkeit ins Auge zu sehen. Damit wird die Richtung der Zeit beschreiben von der Sprache aus, die Wirklichkeit liegt auf der fünften Ebene des Sandhaufenmodells und repräsentiert die Zukunft. Alles Denken richtet sich aber auf die Vergangenheit und will zugleich die Zukunft gestalten, eben der vorgebliche Zustand der Gegenwart, welcher aber, genau betrachtet, ein theoretisches, grammatikalisches Konstrukt ist. Die Gegenwart erhält eine Ausdehnung, abgekupfert von der Dauer, und schon ist man aus dem Schneider, braucht man nicht ständig an den Tod zu denken, wenngleich diese Gegenwart dem Tod ein dauerhaftes Denkmal errichtet! Aufgeschoben ist nicht aufgehoben! Man kann dann die Gegenwart objektiv beschreiben, auch wenn Archimedes dieses Paradox in räumlicher Hinsicht bereits andeuten wollte. Es existiert kein fester Ankerpunkt im All, auch nicht in zeitlicher Hinsicht, wohl aber existiert ein sprachliches Ich, das diese Perspektive einzunehmen vorgibt, gestützt durch ein nicht nachvollziehbares Kollektiv, letztlich durch die Existenz der Sprache. Das Kollektiv, das Künstliche, bleibt fiktiv, und doch strukturiert es den menschlichen Alltag. Ich kann sogar danach fragen, phänomenologisch, aus der Distanz: „Was?" ist eine Feststellung der Gegenwart, „wie?" beschreibt den Prozess.

Und der Trick bei diesen drei Zeitstufen besteht sozusagen darin, dass sie von der Gegenwart aus existieren, die selbst keinen festen

Boden unter den Füßen hat. Zukunft ist die Anwendung der Vergangenheit auf die Gegenwart. Und damit muss ich der Zukunft nicht direkt ins Auge sehen, denn die Vergangenheit kann mit Hilfe des Geistes gestaltet werden. Es wäre zwar einfacher ohne diesen Krimskrams, Simsalabim und so weiter, aber so ist das nun mal! Und ohne dabei schwindelig zu werden, kann ich messerscharf logisch schließen: Vergangenheit ist die Anwendung der Gegenwart auf die Zukunft. Nichts Besonderes, setzt aber eine Mathematik der Zeit voraus, die subjektive Zeit geht der Mathematik jedoch voraus, die objektive folgt hinterdrein. Also schmeck's! Such dir's aus! Zerreiß dich, wenn du das willst! Einfach ein grammatikalisches Problem, nichts weiter! Die Vergangenheit könnte also als eine Art Euphemismus des Geistes interpretiert werden, im Hinblick auf die Zukunft macht das aber weniger Sinn. Was geschehen ist, kann ich ohnedies nicht ändern, aber die Zukunft eröffnet eine andere Perspektive, hier hilft einem die Grammatik nicht mehr so sehr über die Wirklichkeit hinweg. In diesem Bereich der Wahrheit, Wirklichkeit, Ethik, dem ursprünglichen Bereich der menschlichen Wahrnehmung, gilt schlicht: Zukunft ist, was dem Individuum in Gerechtigkeit zukommt. Dieser Bereich war aber bereits Thema eines anderen Briefes, auch eine versuchte, leicht verrückte Unterscheidung zwischen Wirklichkeit und Realität – in der Mitte die Sprache –, und so bleibt hier nur noch ein kleiner Hinweis, was in diesem Zusammenhang mit Gerechtigkeit gemeint sein könnte: Gerechtigkeit besteht in der Harmonie von Geben und Nehmen, oder eben in der Harmonisierung dessen. Und das ist durchaus subjektiv, persönlich oder individuell. Zukunft im engeren Sinn hat aber mit Individuellem zu tun und mit den natürlichen Beziehungen zu anderen. Und Harmonie, da müsste ich nachschauen, bedeutet, glaube ich, so etwas wie Einklang, musikalisch, aber auch metaphorisch zwischenmenschlich und so fort. Gerechtigkeit in diesem Sinn wäre also ein ethisches Postulat oder einfach eine Beschreibung des natürlichen Ist-Zustands. Über die Sprache, das Denken, die Grammatik und das Ich kann daraus jedoch rasch etwas anderes werden: „Ich" ist die Bequemlichkeit des Aufrechnens von Geben und Nehmen. Und so ganz am Rande könnte ich noch eine winzige Verschrobenheit einfügen, die nichts mit allgemeinen Standards zu tun hat: Es gibt nur eine einzige natürliche Zahl, nämlich die Eins. Wohlgemerkt, wir befinden uns hier im Bereich der Ethik und der Individualität, nicht des Egos! Nimmt man das grammatikalische Faktum der Gegenwart aber „todernst", dann ergibt sich: Zukunft hat eigentlich nichts mit künftigen Ereignissen zu tun.

Das Fünklein oder die Energie der Zeit hat also vielfältige Auswirkungen, je nachdem, unter welcher Farbe des Regenbogens es auftritt. Auf der Ebene der Sprache hilft es, das Ich zu generieren, welches wiederum im Bewusstsein tätig ist. Auf der Ding- oder Strukturebene etabliert es den Begriff des Eigentums, auf der emotionalen Ebene gibt es dem Unbewussten ein unstetes Zuhause. Und im Bereich der natürlichen Wahrnehmung agiert es, wie angesprochen, als Spaltpilz zum Selbst, zur Natur und hilft bei der Einrichtung des Bewusstseins. Für jeden Menschen unverzichtbar, hat die Zeit doch die Tendenz, zu einem lebenslangen Problem zu werden, allerdings weit innerhalb der Grenzen alltäglicher Stabilität. Wenn man es jedoch sehr genau nehmen will, könnte man für die fünfte Ebene der Wirklichkeit und Ethik annehmen: Die Frage nach der Schuld ist eine Frage nach dem Wesen der Zeit. Das bedeutet dann nichts weiter, als dass der Begriff Schuld seine Wurzeln auf dieser Ebene hat, spürbar wie ein leichter Windhauch, der im nächsten Moment schon vergangen ist. Handfeste Auswirkungen hat die Schuld auf der Strukturebene, aber dazu muss ich nicht viel sagen, den Ursprung nimmt sie aber wohl über die Zeit auf der Ebene des Bewusstseins, und zwar vor der Illusion geistiger Ganzheit. Schuld ist beinahe wie ein Fähnchen, das Kinder am Feiertag in der Hand tragen, auf der einen Seite hat es die Aufschrift „Natur" und auf der anderen „Kultur". Und das Fähnchen selbst ist die Zeit. Der Hauch der Schuld ist so fein, dass er nicht dingfest gemacht werden kann, zumindest nicht dort, wo er entsteht. Er muss erst durch die Sprache hindurch, um dann zu einem „Ding" kondensieren zu können. Und schuld ist die Zeit, die Zeit braucht die Sprache, die Sprache das Kollektiv und so fort. Nichtsdestotrotz gibt es die Konvention der Justiz, Gesetze und Normen, welche den Alltag regulieren. Auf das Subjekt, einen Geist bezogen, dürfte ich aber wohl feststellen; Das Gefühl der Schuld entsteht mit dem Akzeptieren der Zeit als Norm; und also wieder die Sprache, das Kollektiv und so fort. Gehe ich aber im Inneren den umgekehrten Weg vom Subjekt über die Person zum Individuum, stellt sich die Frage nach dem Wesen der Zeit in einer zunehmend dringlichen Form, und dann helfen mir Normen auch nicht weiter, denn diesem Problem kann nur ich selbst auf den Grund gehen, und zwar nicht kognitiv, sondern der fünften Ebene entsprechend durch ein Verhalten, für welches ich im selben Moment auch die Verantwortung übernehme, durch die zunehmende Annäherung von Wahrheit und Wirklichkeit, durch Handeln, welches sozusagen mit der Wahrnehmung übereinstimmt. Will ich das latente Gefühl der Schuld aus meiner Existenz verbannen, muss ich mich dem Nichts aussetzen, der Freiheit der Natur – und dadurch ändert sich genau gar nichts an meinem materiellen Status.

In gewisser Hinsicht kommt es zur Schuld oder zu Schuldgefühlen durch die Verwechslung des Menschen mit einem Ding, wie das weiter oben angedeutet wurde, und dafür haftet sozusagen die Zeit.

Ich bin schon selbst dazu bereit, und deshalb empfinde ich auch Schuld. Es bliebe mir aber beileibe nicht erspart, ich könnte mich drehen und wenden, wie ich wollte, ohne Zeit kann man nun mal nicht aufwachsen! Und dann empfinde ich auch Schuld. Und dabei habe ich noch gar nicht begonnen, im Leben oder in der Existenz so richtig umzurühren! Natürlich kann ich etwas tun, für das ich mich schuldig fühlen sollte, aber eine Schuld empfinde ich ohnedies, hauchzart zwar, aber immerhin! Schuld ist die Sprache, das Kollektiv und selbstverständlich die vermaledeite Zeit! Zum Glück habe ich heute meine Uhr nicht angelegt! Der Mensch, die Zeit, das Leben, der Geist ...

Bei der Beschreibung des Geistes habe ich das Sätzchen angeführt: Das Wesen eines Geistes kommt im Verhaltensansatz zum Ausdruck. Jetzt, hier zum Thema Schuld könnte ich anfügen: Wahlmöglichkeit besteht im Motiv für das eigene Verhalten. Oder krasser: Das Wort „weil" erlaubt das Einfügen eines beliebigen Grundes. Der Mensch ist bereit, sich selbst als Ding aufzufassen, und dazu lässt ihm die Existenz keine Wahl. Die allererste Dingeigenschaft ist aber die Zeit. Und der komme ich kognitiv einfach nicht bei, die objektivierte Zeit ist eine Konvention. Bei Dingen kann ich nach Gründen suchen, weshalb sie etwa nicht funktionieren, bei einer Person ist das viel schwieriger. Ich als Subjekt könnte jedoch zur Erkenntnis kommen: Nach Gründen suchen bedeutet das Etablieren der Zeit als Norm. Indem ich Gründe für mein Verhalten anführe, glaube ich an die Hypothese der Zeit, und mein Glaube an die Zeit bedingt Schuldgefühle. Ein ziemlicher Teufelskreis, in den uns die Sprache da hineingestoßen hat, noch dazu, ohne zu fragen! Wer will es dann jemandem verdenken, wenn dieser einen anderen beschuldigt, um sich selbst ein wenig besser zu fühlen? Aber auch hier gilt: Wer jemanden beschuldigt, unterwirft das Selbst dem Diktat der Zeit. Ich komme damit nicht los, Beschuldigung trägt nicht unbedingt zur Erleichterung bei, im Gegenteil! Aber das ist etwa der Mechanismus des Mobbings: Mobbing bedeutet, dass jemand die Schuld eines anderen abträgt, ganz egal, wie diese eigentlich beschaffen ist! Und häufig wird dabei diese unbekannte Schuld im Hintergrund maßlos verzerrt, denn Gründe lassen sich nach hinten fortsetzen bis zum unbekannten Kollektiv der Evolutionsgeschichte. Der Spaltpilz der Zeit auf der fünften Ebene bleibt dabei aber jedenfalls bestehen: Ein Mensch hat genau so lange Schuldgefühle, wie er an Zeit glaubt.

Und dieser Spaltpilz der Zeit auf der fünften Ebene hat auch Auswirkungen, die erst unterhalb der Sprache im strukturellen oder gar emotionellen Bereich sichtbar werden. Aber bleiben wir noch kurz bei der Schuld! Um mich gegen früher zu wiederholen: Schuld ist ein verzweifeltes Festhalten an Möglichkeiten für sich, oder eben ein Festhalten an anderen Menschen als Möglichkeiten. Hier, wurde gesagt, kann man die Schuld leicht mit dem Geist verwechseln, nur spielt sich das Ganze auf der fünften Ebene ab, wo der Geist bestenfalls zu Gast ist. Die Zeit, sonst vom Nebel des Geistes umwabert, tritt hier etwas ungeschützter, ‚nackter' in den Vordergrund. Und sie führt gleich zu Schuldgefühlen, weil die subjektive Zeit einen anderen Auftritts-Punkt hat als die objektive, woraus eine innere Spaltung resultiert. Man könnte etwas ungeschickt schließen: Zeit heißt, ich fühle mich irgendwie aus der Natur vertrieben, habe meine Heimat verloren, und es besteht keine Möglichkeit, diesen Zustand rückgängig zu machen. Ich kann nicht zurück, und ob ich vorne jemals wieder auf dieselbe Verbundenheit mit der Natur stoßen werde, steht bestenfalls in den Sternen, ist nicht einmal Inhalt des schulischen Bildungskanons. ‚Natürlich' weiche ich aus, suche mir einen anderen Depperten oder Dinge, die als Ersatz für das verlorene Gefühl dienen könnten, auch wenn ich „in meinem Herzen" weiß, dass das nicht korrekt ist! Ich könnte die gesamte Thematik des Eigentums unter dieser Problematik der Zeit subsumieren. Und etwa auch das Phänomen der Aggression anziehen! Das Wort „Zeit" ist sozusagen schizophren, und um das wieder gut zu machen, müsste ich schon die Eigenschaften eines Wortes wie „Gott" heranziehen oder eben schlicht und einfach die Natur.

Solange das aber nicht der Fall ist, führt das Fünklein der Zeit auf der fünften Ebene unter Umständen zu Aggression auf unteren Ebenen. Glücklicherweise ist da die Sprache zwischengeschaltet, diese hat auch eine regulatorische Funktion. Und es ist nicht jedermanns Sache, aggressiv aufzutreten! Aber grundsätzlich, „prinzipiell" könnte man behaupten: Zeit ist ein Faktor, eigene Aggressivität auszuleben. Und das ist sicherlich nicht beim ersten Anblick der Zeit ersichtlich! Zeit ist ein Ausdruck der Aggression den Dingen gegenüber, aber auch die Zeit selbst ist eine Aggression Dingen und Menschen gegenüber, weil das Wort Zeit unterschiedliche Taktungen hat, eine äußere und eine innere, eine kollektive und eine subjektive. Es kommt notwendig zu Spannungen, und die Energie der Zeit ist geboren! Der Impuls der Zeit geht durch die Sprache hindurch, Worte und Begriffe grenzen ab, und es zeigt sich etwa auf der Strukturebene: Eigentum ist die inkorporierte Zeitvorstellung des Menschen. Rückangewendet ergäbe sich zusammen mit dem Spaltpilz der Zeit: Eigentum ist der notwendige Grund zur Zerstörung des Lebens, wenngleich eine solche Aussage, Gott sei Dank, auch als idealistisch klassifiziert werden kann. Aus Sicht der Natur ist es – hypothetisch – ein Irrtum, dass jemandem etwas gehört, die Sprache eröffnet hingegen andere Perspektiven. Das Wort „mein" im kindlichen Bewusstsein wäre demnach der erste Beleg für die

Akzeptanz des Faktors Zeit, und insofern ist es auch das am tiefsten sitzende Vorurteil (Wort, Ausdruck) des Menschen. Und dieses Wort ließe sich korrekt lediglich auf Dinge anwenden, wenngleich es natürlich auch die Ausdrücke „meine Eltern, meine Frau, mein Mann, usw." gibt. Die Existenz ist vorhanden, sobald die Zeit akzeptiert ist, und Zeit kann unter Umständen auch als Fluch der Existenz interpretiert werden. Ich könnte Dinge ja einfach auch betrachten als Sachen (Wortkorrelate), auf die wir unsere Aufmerksamkeit richten! Und die unangenehme Feststellung machen: Das eigentliche Motiv der Sachlichkeit ist Angst und Verzweiflung. Und dann die früher schon genannte Verrücktheit anführen: Zeit ist die den Dingen innewohnende Sehnsucht nach Befreiung. Hieße, die Natur hätte eine Lösung vorgesehen, aber der Weg dahin führt über ein momentanes Erlöschen der Zeit.

Mikaela, ich bezweifle, dass ich hier alle Facetten der Zeit abdecken konnte, aber den Versuch war es vielleicht wert! Sobald die Zeit in einem Bewusstsein anerkannt ist, haftet der Existenz das Streben an, die Zeit einzuholen, um sich nicht darin gefangen fühlen zu müssen. Und der Schlüssel klingt vielleicht etwas paradox: Das Gefühl der Zeit kann nur über das Handeln verstanden werden. Es wäre eine Sache der bewussten Verantwortung, sich auf das Nichts einzulassen, um sich dann im All der Natur wiederzufinden. Ein einziger Zeitpunkt müsste dazu ausreichen, soweit die Theorie!

Herzliche Grüße,

Erich Maier

Liebe Mikaela,

jeder, der schon einmal das Nichts (in sich) gespürt hat, weiß, das Nichts ist nicht nichts. Man kann es wahrnehmen, sogar fühlen, und dieses Gefühl muss beileibe nicht unangenehm sein! Und es ist etwas anderes, eine solche Erfahrung im Wachzustand zu machen, als sich etwa am Morgen zu erinnern: ‚Jetzt habe ich aber gut geschlafen …'

Natürlich hat das Wort „nichts" auch etwas Defizitäres an sich, bezeichnet das Fehlen von etwas, kann sogar als Gegenteil von „etwas" betrachtet werden, und in diese Rille kommt man ja auch hinein, wenn man das Nichtsein als Gegenteil von Sein nimmt. Aber Nichtsein ist mir allemal lieber als Sein, denn die Sprache kann in Verbindung mit dem Geist unter Umständen auch ganz schön schaden, ob absichtlich oder auch nicht! Und am Bankkonto ist das Nullsummenspiel um den Gefrierpunkt auch nicht immer erbaulich! – Übrigens, das ist mein letzter Brief, Mikaela, ich kann Dich nicht weiter belasten, und schön langsam gehen mir, offen gestanden, auch die Termini aus!

Aber weshalb ist mir das Nichts so wichtig? Weil es eine reale Erfahrung sein kann, und weil man sich vielleicht ganz gerne darum herumdrückt. Es bedeutet nicht nichts, es bedeutet sehr viel, unter Umständen sogar alles. Mystiker durften Gott auch mit dem Terminus Nichts belegen, was nicht unbedingt zu dessen Erhellung beitrug, aber so ist das nun mal mit der Mystik! Aber Gott umfasst alles, und somit auch das Nichts. Philosophisch darf ich aber nicht umgekehrt schließen: ‚Das Nichts ist Gott', womit in diesem Beispiel der Satz der Identität seine Gültigkeit verliert. – Aber das ist zu theoretisch, und die Theologie ist, wie gesagt, nicht mein Gebiet!

Doch was bezeichnete man in der ‚negativen Theologie', Spiritualität oder Mystik dann als Nichts? Offensichtlich wohl nicht nichts! In unserer materiellen Kultur könnte es beinahe einen Anstoß darstellen, eine Beleidigung des Geistes, das Nichts abzuhandeln, aber wenn es eine Erfahrung darstellt, ist das allemal erlaubt! Nimmt man die Zeit als halbstufigen Unruhestifter, dann ließe sich das Nichts zumindest als Desiderat anführen, einmal Ruhe zu haben. Damit ist aber noch nichts über die Existenz eines Nichts ausgesagt! Ich behaupte aber, jeder hat schon die eine oder andere Erfahrung mit dem Nichts gemacht, und zwar nicht nur am Bankkonto! Und eine Erfahrung mit dem Nichts, das nicht nichts ist, ist meiner Meinung nach naturgemäß positiv – ein logischer Widerspruch, aber was soll's? Die Zeit und die Sprache können das Nichts nicht abdecken, und vielleicht ist es gerade deshalb so positiv?

Mir sind auch ein paar Sätzchen zum Nichts aufgestoßen, und die möchte ich hier nicht vorenthalten: Das Nichts ist die Übereinstimmung eines Menschen mit der Natur. Das Nichts ist ganz einfach der natürliche Zustand des Bewusstseins. Und dann ergibt sich aber aus der Existenz der Zeit: Menschen sind Verräter an der Erkenntnis ihres inneren Nichts. Aber man wird dafür wenigstens nicht zur Verantwortung gezogen! Bezüglich des Raumes hingegen könnte ich unendliche Geborgenheit postulieren: Das Unendliche ist eine andere Bezeichnung für das Nichts. Und dieses Nichts kann wohl nicht nichts sein, obwohl es hier objektiv verwendet wird! Aber es rührt von einer inneren Erfahrung her, bei der auch eine Ahnung von Unbegrenztheit mitschwingt. Und dann könnte ich ziemlich kontraintuitiv fortsetzen: Jeder Raum ist eine illusionäre Begrenzung des Nichts.

Von der Sprache her betrachtet ist das Nichts paradoxerweise wohl eines jener Worte, welche einer Bedeutung des Absoluten am nächsten kommen. Ist auch nicht so schwierig, das Nichts kann seinen Inhalt am einfachsten erfüllen, aber nur theoretisch! In der Praxis ist es wohl ein ziemlicher Aufwand, ein Nichts herzustellen. Das Nichts als Konvention eines Nullpunkts. Die Erfahrung des Nichts unterscheidet sich aber davon, ist, wie gesagt, nicht nichts, sondern etwas – und wieder ist es nichts mit dem Absoluten! Absolutes bleibt eine illusionäre Projektion, ein Wunschbild, welches sich aus der Existenz von Konventionen, allen voran der Sprache, ergibt. Das Kollektive verlangt sozusagen nach dem Absoluten, aber es gibt kein Ding, das die Ansprüche aller erfüllt. Das Wort Gott bildet hier die Ausnahme, und das Korrelat dazu ist Inhalt des Glaubens. Das Wort Nichts käme dem sehr nahe, bleibt aber, materiell betrachtet, zunächst theoretisch, und wenn jemand das Nichts erfahren hat, hält sie oder er es nicht mehr für ein Nichts. Wer das Nichts erkannt hat, kann das Absolute nicht mehr ernst nehmen. Das Postulat oder der Beinahe-Zwang der Materialität machen es aber schwierig, sich auf das Nichts einzulassen. Dazu kommen Faktoren wie das Ich, das Unbewusste, der Geist, letztlich auch die Sprache, die Zeit. Es liegt also nicht unbedingt sehr nahe, und doch macht man irgendwann, vielleicht in einem unbedachten Moment, irgendeine derartige Erfahrung, die man kurz wirken lässt und dann gleich wieder wegpackt aus Angst, sie könnte einem in der Existenz schaden. Jeder hat es, aber keiner gibt es zu. Und offenbar nimmt auch keiner an, dass es der andere hat!

Und dann gibt es ein paar außergewöhnliche Mystiker in allen Kulturen, die außergewöhnliche Erfahrungen machen und diese durch Begriffsvermischungen derart verschlüsseln, dass man sie eigentlich nicht mehr nachprüfen kann. Der Albtraum jedes Psychologen, die Mystik! Nichts ist nicht nichts, aber was ist es dann? Vielleicht kommt das Wort Friede dort in die Nähe hin, und vielleicht könnte man kulturübergreifend feststellen: Friede ist das Nichts, und Nichts bedeutet, geistig nirgends zu haften. Friede ist die beglückende Wahrnehmung des dunklen Nichts im Bauch. – Jetzt könnten sich in der Dunkelheit natürlich allerlei finstere Gestalten herumtreiben, aber lassen wir das mal so stehen! Und Glück? Jeder mag seine eigene Auffassung von Glück haben, das ist persönlich, ist Privatsache. Und ich maße mir jetzt nicht an, das Glück zu normieren! Aber im Kontext drängt sich wohl eine sehr einfache Feststellung auf: Glück ist die Reflexion auf den wirklich gefundenen Frieden, ist sozusagen der Nachhall auf die Erkenntnis des Nichts, damit der Natur, das Erreichen des Ziels der eigenen Existenz. Aber ich bin mitunter auch glücklich, den Fernseher einzuschalten und Popcorn zu essen! Sprachtheoretisch dürfte man vielleicht behaupten: Glück ist, ein anerkanntes Ich in der Natur zentriert zu haben. Eine gelungene Verbindung von Praxis und Theorie!

Mikaela, bei der Durchsicht meiner ‚Unterlagen', dieser großteils aberwitzigen Sätzchen, ist mir aufgefallen, dass ich ein kleines Thema übersehen habe, und so bleibt mir der Vollständigkeit halber nichts anderes übrig als zu versuchen, es hier einzufügen, die beiden Begriffe Subjekt und Objekt, welche schon aus dem Grammatikunterricht bekannt sind. Grammatik heißt eigentlich Lehre von den Schriftzeichen, wenn ich nicht falsch liege, und geht dann bis zu den üblichen Regeln, welche die Schriftform und die gesprochene Sprache begleiten. Und in so einem Satz gibt es laut Grammatik ein Subjekt und ein oder mehrere Objekte. Hier beginnt es dann unter Umständen schon wissenschaftlich zu werden, aber im Allgemeinen reicht die Kenntnis einiger grundlegender Regeln. Damit wäre das Thema auch schon erledigt, aber ich fühle mich im Textumfeld motiviert, ein wenig in die Tiefe zu gehen, und vielleicht ist es ja interessant zu sehen, ob das bei so einer Materie etwas bringt!

Grob gesagt: Wenn ich den winzigen Bruch des Bewusstseins, der mit vielen seiner Art später als ‚Zeit' zusammengefasst wird, wissenschaftlich darstellen möchte, komme ich vielleicht zur Grammatik von Subjekt und Objekt. Falls das erlaubt oder berechtigt ist, umfasste das dann aber viel mehr als die Regeln der Satzgestaltung an der Oberfläche. Ich könnte dann einen Erlebnisbericht der Grammatik schreiben, und Voraussetzung dafür sind selbstverständlich gehabte Erlebnisse. Und das könnte dann wohl jeder, der das will, und man kann wieder einen kollektiven Durchschnitt bilden, für den kein Einzelner verantwortlich zeichnen kann oder muss. So weit, so spekulativ! Übrigens ist es hier ja auch nicht weit zum Geist, und da kann man nach Hegel ja schon mal zur Spekulation greifen!

Ich habe also ein Subjekt und ich habe Objekte. Subjekt heißt „unterworfen" oder „Untertan" oder so etwas Ähnliches, Objekt ist wörtlich ein „Gegenstand" oder ein Hindernis und so weiter. Wenn ich mich als Subjekt empfinde, sehe ich die Welt realistisch, unterwerfe ich mich der Dingwelt, der Realität, und das nur ‚im Geiste', im Denken! In einer Demokratie muss ich mich nicht mehr im alten Sinn unterwerfen, aber ich muss mich an den Gegebenheiten orientieren, denn diese gelten theoretisch für alle in gleicher Weise. Aber als grammatikalisches Subjekt bin ich dennoch ein Unterworfener, sagt die Sprache, die Grammatik, und wenn ich nun in der Realität nach Erfahrungen suche, fallen mir vielleicht allerlei unangenehme Dinge ein, die ich durch die Satzverbindung als Objekte identifizieren kann, sei es auch nur im Denken oder der Vorstellung. Die Regeln der Grammatik verlängern sozusagen die Zeit, und was dann darunter in den Tiefen verborgen ist, harrt sozusagen der Hebung ans Tageslicht. So wäre jetzt eigentlich eine Preisfrage, ob es noch irgendetwas gebe, das im Untergrund der Grammatik sein Unwesen treibt!

Damit das aber nicht allzu spekulativ daherkommt, wieder der Versuch, etwas Handfesteres hinzuzufügen! Die Zeit wurde als Spannung zwischen Worten und bezeichneten Objekten apostrophiert. Eine Entsprechung dazu wäre meiner wohl etwas abwegigen Meinung nach die Zahl: Die Brücke zwischen Worten und räumlichen Körpern bildet die Zahl. Und von der Zahl geht die Mathematik aus. Etwas abwegig wurde aber schon behauptet: Die Exzentrizität des Geistes ist in den Zahlen begründet. Von diesem Apostroph der Wahrnehmung, dem Komma der Zeit ist es nur ein winziger Schritt zum unbestimmten Raum des Geistes. Und was der Geist so vernebelt, steht wiederum in den Sternen! Aber die Regeln der Grammatik formulieren klipp und klar: Ein Satz besteht aus einem Subjekt und Objekten.

Im Kontext der Emotionen habe ich ein Sätzchen auf Vorrat vergessen, was ich hier unbedingt nachreichen möchte: ‚In die Tiefe gehen' bedeutet Emotionen benennen. Es hätte demnach schon etwas an sich, die Sprache korrekt auch auf die eigenen Erfahrungen anzuwenden, und im Prinzip kann ich nur über das Merkmal der eigenen Korrektheit auf Allgemeineres schließen. Das Unbewusste etwa besteht aus unerkannten Emotionen, die sich wiederum auf das Kollektiv der Sprache beziehen, und mithin ist es logischerweise auch berechtigt, eine Wissenschaft der Grammatik zu treiben. Aber wenn sich das Unbewusste einmal aufgelöst hat, bestehen die Begriffe des Subjekts und der Objekte nach wie vor. Nächste Preisfrage: Hat sich dabei etwas verändert oder nicht?

Mikaela, Du siehst schon, es wird hier sehr spekulativ, und ich möchte mich auch nicht allzu lange in diesen Sphären aufhalten, aber es ist vielleicht trotzdem bemerkenswert, welche Assoziationen einem bei einfachen grammatikalischen Begriffen so durch den Kopf gehen können! Im Prinzip ist es der Hauch des Unterschieds zwischen Natur und (menschlichem) Kollektiv, welcher hier durch standardisierte Ausdrücke bezeichnet und auf die theoretische Ebene gehoben wird. Und es ist der Funke der Zeit, wie im vorigen Brief schon versucht wurde anzudeuten. Das altgriechische „theorein" heißt wörtlich, wenn ich nicht falsch liege, so etwas wie „anschauen, sehen, betrachten", also im Geist, im Denken, in der Vorstellung. Und in den Tiefen? Ich bin mir nicht sicher, aber ich habe so eine Ahnung, dass noch nicht alles ans Tageslicht gehoben wurde!

Und wie kriege ich jetzt die Kurve? Ich versuche wieder ein paar Sätzchen: Subjekt ist eine der Dingwelt unterworfene Illusion. Das Subjekt und Objekte sind bloß Annahmen des denkenden Nichts. Und das Nichts, wie wir erfahren haben, ist nicht nichts. Und dem Wortsinn nach – „obicere" heißt eigentlich „entgegenwerfen" –: Objekte sind als unangenehm aufgefasste Entitäten, sind dem Menschen in den Weg gelegte Hindernisse. In der Wissenschaft werden Objekte neutral gefasst, bilden sozusagen die Materie für Erkenntnisse, aber man könnte auch eine ganze Erfahrungspsychologie um diesen Ausdruck herum aufbauen bis zurück zur unnennbaren ersten Unterbrechung der natürlichen Wahrnehmung. Vom Baby wird Unangenehmes wohl ferngehalten, aber wenn die Mutter spricht, gibt sie sich irgendwann auch als Objekt zu erkennen. Die Binsenweisheit dazu: Man kann nur jemanden objektivieren, der das auch selber tut. Und umgekehrt kann ich meinen Erkenntnisdrang fortsetzen bis zum ersten Komma der Zeit.

Später relativieren sich die emotionalen Inhalte vielleicht: Subjektive Reflexion entsteht aus dem Anspruch des Müssens, objektive Reflexion aus dem Anspruch des Wollens. Der Witz dabei ist, dass die beiden Begriffe nicht ohne einander auskommen, wie die Seiten einer Münze zusammengehören, die verbindende Energie jedoch in der negativen Dissonanz der Angst besteht: Die gesteigerte Differenz zwischen Subjekt und Objekt ist Angst. Und, dürfte ich psychologisch weiter schließen: Objektivität ist krankhafte Ablenkung vom Subjektiven. Damit sind wir wohl in der Erwachsenenwelt angekommen, der Welt der Sachlichkeit und Argumente. Und natürlich ist es bis zur tatsächlichen Erkrankung ein weiter Weg, aber immerhin könnte ich spekulieren: Durch Objektivität hervorgerufene Angst macht Menschen krank. Steht nur noch ein Sätzchen aus, eine Erkenntnis aus dem Augenwinkel: Objekte werden erst durch die menschliche Aggression wirksam. – Also auf zur durch Grammatik geregelten Kommunikation! Und um doch noch einen versöhnlichen Abschluss dieses vielleicht nicht so unwichtigen Themas im Kontext zu finden: Die einzige objektive Wahrheit lautet, es gibt genau nichts.

Mikaela, als letztes Wort sollte ich noch einen Blick auf die Natur werfen, und das fällt mir entgegen der Bedeutung, welche dieser Terminus für mich hat, gar nicht so leicht! Da hilft es auch nicht, das Schulwissen hervorzukramen und darauf hinzuweisen, dass die ersten Ansätze unserer Philosophie, die ältesten überlieferten Fragmente stets unter dem Titel „peri physeos" firmierten, „Über die Natur". Aber das sind nur Fragmente, bunt zwar, inhaltlich interessant, weil abwechslungsreich, aber sie stellen kein einheitliches Bild dar und beantworten schon gar nicht die Frage, was die Natur eigentlich sei. Vielmehr gibt sich schon bald ein Zug zu erkennen, der auch heute die Naturwissenschaften konstituiert, es wird etwa der Mathematik zunehmend Bedeutung beigemessen und es kommt zu Tendenzen der Objektivierung. Natürlich gibt es auch ein paar Ausnahmen, „Alles fließt", und so fort. Die Distanz zum mythischen Denken ist noch nicht sehr groß und so wird auch einmal der altgriechische Götterkanon persifliert, und andererseits entstehen Zahlenmythen oder -mystik, das alles in der Nähe des Terminus Natur. Was ist oder war der Anfang, was war die erste Materie, was ist das erste Prinzip? Wie gesagt, mein Schulwissen reicht hier nicht aus, aber ich möchte mich auch nicht nur auf überlieferte Bruchstücke verlassen!

Glücklicherweise konnte ich mich im Rahmen einer wissenschaftlichen Arbeit ein wenig mit altem östlichen Denken befassen, konkret mit dem Daoismus und Zen-Buddhismus, und da findet man schon öfters andere Ansätze, sich der Natur objektivierend anzunähern, nämlich durch Geschichten, Beschreibungen, wie wir sagen würden, durch Allegorien. Man möchte mitunter ein Gefühl der Natur vermitteln, eher als zu erklären, was diese sei. Aber man könnte wohl mit Recht Heraklit in eine Reihe stellen mit Laozi oder dem Yijing und als Hauptmerkmal der Natur den ständigen Wandel herausstellen, eben dass nichts so bleibt, wie es ist. Die Natur ist eine Art Gegenstück zur Zeit, aber sie stellt selbstverständlich nicht deren Gegenteil dar, weil das menschliche Konstrukt der Zeit auch von der Natur umfasst wird, die benötigte Energie von der Natur zur Verfügung gestellt wird.

Mein persönlich favorisierter Ansatz ginge sogar noch ein bisschen weiter und würde die Sprache der Natur gegenüberstellen. Die

Sprache als Hauptmerkmal der Conditio humana und die Natur, die per se keine Sprache braucht, diese aber vollumfänglich oder vollinhaltlich unterstützt. Es braucht keine Mythisierung der Natur, man kann aber auch nicht viel über die Natur sagen, ohne dabei von menschlichen Perspektiven auszugehen. Am einfachsten wäre es noch, die Natur mit dem Nichts gleichzusetzen, dem Nichts einer persönlichen Erfahrung. Aber das gibt dann logischerweise nicht so viel objektivierbaren Aufschluss...

Ich könnte hier aber vielleicht auch zum ersten Terminus dieser brieflichen Odyssee zurückgehen, dem Geist, und zu diesem etwa nachreichen: Geist ist ein dumpfes Hinaustreten aus der natürlichen Mitte. Und es fielen mir noch ein paar weitere Gegenüberstellungen von Geist und Natur ein, allesamt mit negativem Vorzeichen. Aber vielleicht ist es andererseits auch der beste Weg, sich an die Natur anzunähern, nämlich aus der persönlichen Perspektive, als Individuum! Viel lässt sich ja über die Natur nicht sagen, aber sie ist das einzige, eine Einheit stiftende Element (der Realität). Und das Wesen ihrer Einheit liegt im Wandel. Die Natur positioniert sich also ihrem Verständnis nach der Sprache gegenüber, und ich könnte fantasieren: Das Problem, das der Mensch hinsichtlich der Natur hat, ist die Sprache. Es bleibt also bei der Negation: Die Natur ist die einzige Instanz des Menschen, die niemals lügt. Bebildert: „Natürlich" und „künstlich" sind Synonyme für Wahrheit und Lüge.

Wenn ich dann im sternenlosen Kosmos der Innenwelt herum schwebe und mich gerade wohlfühle, könnte ich mich etwa zu der Bemerkung versteigen: Die Natur ist Freiheit von Gedanken, Vorstellungen und Ängsten. Das wiederum in die Realität übertragen: Natur lässt sich nicht von destruktiven Vorstellungen bezwingen. Es käme dann beinahe ein Moment der Hierarchie dazu, weil sich mit dem ersten künstlichen Bruch der Wahrnehmung, dem ersten Beistrich der Zeit, ein Heraustreten aus dem Fluss der Natur identifizieren lässt, wenn auch nicht im Konkreten. Und dieser ‚Hierarchie' käme im Bereich der Ethik und des Handelns Bedeutung zu, in dem auch die natürliche Wahrnehmung angesiedelt ist. Der Mensch kommt von der Natur, und wenn es ihm gelingt, wieder dahin zurückzufinden, hat er sein Ziel erreicht. Unterstützung liefert etwa die Sprache, aber auch die Spiritualität.

Jetzt könnte ich meiner Abwegigkeit den Topf aufsetzen mit der Behauptung: Naturgesetze gehören nicht zur Physik, sondern zur Ethik. – Nichts gegen die Physik, ich respektiere sie sehr, aber die Gesetzmäßigkeiten des menschlichen Handelns liegen der Natur näher als objektiv nachvollziehbare Erkenntnisse. Und um diese zu erkennen, müsste man auch nicht Wissenschaft treiben. Was aber selbstverständlich nicht zum Umkehrschluss verleiten darf! Ich könnte zum Beispiel spekulativ anfügen: Die Natur empfindet keinen Impuls, sich sprachlich auszudrücken. Kann ich nicht wissen, aber der Geist ist auch eine Spekulation. – Ich weiß schon, das ist kein Beweis, aber um gleich weiterzugehen zur Zeit: Die Natur ist wortlos, ethisches Handeln geschieht vor der Sprache. Und auf solche Weise ließe sich diese nicht konventionelle Hierarchie wieder untermauern: Natur beherrscht unser Leben, ist über die Sprache erhaben.

Die Natur hat also auch im Menschen ihren Platz und entfaltet auch dort ihre Bedeutung. Gefühle können den Geist in der Natur erden, den Hintergrund der Handlungsmatrize eines Menschen bildet die Natur. In Summe ließe sich wohl sogar behaupten: Regulator aller menschlichen Bestrebungen ist die Natur. Und umgekehrt führt ethisch bewusstes, verantwortliches Handeln einen Menschen wohl näher an die Natur heran. Was sich aber letztlich erst unter der

Bedingung erfüllt: Menschliches Handeln wird erst natürlich, wenn der Geist erloschen ist. Jetzt könnte das als ethische Spitzfindigkeit aufgefasst werden, aber es zeigt nur die Konsequenz der Worte selbst, und übrigens auch deren Konsistenz! Die Natur ist immer noch das Einzige, das uns am Leben erhält. Sie gehört jedoch niemandem, weder im Außen noch im Innen, wenngleich sich konventionell gutes Geld damit verdienen lässt.

Was mir persönlich daher ein bisschen fehlt, ist, dass etwa für Vertrauen in die Natur geworben wird. Der Stellenwert der Natur ist vielleicht noch nicht ganz „angekommen", auch was das Bewusstsein, die Psyche und viel anderes betrifft. Und natürlich gehen meine Überlegungen von der Person, vom Subjekt, vom Individuum aus: Der Sinn des Lebens ist das Vertrauen in die eigene Natur. Ganz schön überzogen! Und deshalb haben wir ja auch …: Der Geist ist die Furcht vor dem Vertrauen in die eigene Natur. Da könnte ich wieder mit der Ethik auftrumpfen: Vertrauen in die Natur ist stärker als die Lüge des Geistes. Aber selbst, wenn ich nur objektiv interessiert bin: Wer dem Sinn der Natur in sich selbst vertraut, schärft seine Bewusstheit. Und wenn man sich moralisch-ethisch schon ein wenig eingeübt hat: Das Erwachen der Seele setzt Vertrauen in die Natur voraus. Aber das war ja schon Inhalt eines anderen Briefes!

Somit bleibt mir nur noch, ein wenig auf den Putz zu hauen, was Dinge und Strukturen betrifft: Das Natürliche setzt sich stets gegenüber dem Künstlichen durch. Wohl wissend, dass diese Unterscheidung keine endgültige ist. Aber aus subjektiver Betroffenheit könnte ich auch noch mitteilen: Der einzige für den Menschen gangbare Weg ist der zur Natur. Das schließt aber selbstverständlich auch die gesamte Kultur mit ein!

216

Mikaela, als ich gerade den Text neu öffnete, fiel mir auf, dass ich noch etwas schuldig geblieben bin. Im Abschnitt der Emotionen führte ich ein Sätzchen an: Der Ausgleich der Emotionen ist der einzige Weg zum Glück – und vertröstete dabei auf später. Hier kann ich nun nicht mehr auf später vertrösten!

Vielleicht darf ich noch einmal den Titel zitieren: „Bedingungen menschlichen Seins". Ein vertrauter Mensch, der meine Sätzchen überflog, gab mit einmal so etwa sinngemäß zu verstehen, das mit den Dingen sei irgendwie das Problem. Diese Person hat offenbar ein sehr gutes Urteilsvermögen! Aber die Dinge gibt es nun mal, und sie bleiben auch für unbestimmte Zeit bestehen! Ich könnte aber nach innen fragen, was denn die Dinghaftigkeit unterstützt, und da komme ich zu Termini wie dem Ich, dem Unbewussten, dem Geist, der Zeit, der Sprache im engeren Sinn, und im weiteren Sinn könnte ich fast alle Wörter anführen, die hier beleuchtet wurden. Alles, was vom Unbewussten mit beeinflusst wird, macht den Dingcharakter virulent. Die ‚oberste Instanz' all dieser Faktoren ist aber die Sprache und, wie zu Beginn erwähnt, die Conditio humana besteht in der menschlichen Sprache. Die Sprache macht sozusagen Dinge schlagend, aber die Sprache besteht weit über eine persönliche Existenz hinaus. Und man kann nichts daran ändern.

Hier, am Ende darf ich wohl ein bisschen verallgemeinern, herum schwafeln! So könnte ich die wissenschaftliche Perspektive der Anthropologie subjektiv interpretieren: Anthropologie stellt die Frage, ob ein Leben gelingen kann. Und anschließend gleich auch eine Zeitdiagnose bezüglich der Auseinandersetzung Moderne/ Postmoderne mitliefern (was mich nicht so interessiert, aber man lebt ja nun mal in seiner Zeit): Moderne ist die äußere und innere Beleuchtung der Form, die Postmoderne widmet sich der

Selbstoffenbarung der Sprache. Jetzt bin ich kein Fundamentalist oder so, auch kein Aktivist, aber ein Blick auf die Epochen-Bezeichnungen zeigt doch, dass sie sich auf verschiedene Felder oder Bereiche beziehen, einander also gar nicht ins Gehege kommen. Die Moderne herrscht im Strukturbereich der Realität, nach wie vor, und die Postmoderne behauptet wohl irgendwie, dass die Sprache auch transparenter sein könnte als bisher angenommen, dass man die Sprache sogar durchschreiten könnte und dann vielleicht irgendwo hin gelangte. Inhaltlich können diese beiden Begriffe also ganz gut nebeneinander bestehen, und was Zeitepochen betrifft, fühle ich mich nicht zuständig! Das muss jemand anders entscheiden! Die Postmoderne könnte also als Weiterführung der Moderne verstanden werden, jedoch ohne diese aufzuheben, als Ergänzung oder, wenn man so will, auch als Bereicherung, vielleicht als ein nächster Schritt in die richtige Richtung. Aber sie kann nicht behaupten, die Moderne abzulösen, denn dann würde sie auch selbst in der Luft hängen! Beides ist notwendig. – Jetzt kenne ich mich aber selbst nicht mehr aus! Egal … Zur Postmoderne könnte ich aber noch ein Sätzchen nachreichen: Man steigt aus dem alten Spiel aus, ohne ein neues zu beginnen. Aber die Strukturen, die Dinge, auch die Sprache und so weiter bestehen fort. Die Postmoderne hätte also ein viel persönlicheres Gepräge als die Moderne. Aber das ändert nichts daran, dass sie nur ein verallgemeinerter Terminus für eine individuelle, innere Erfahrung ist, und das Problem dabei ist, dass der Anspruch eines derartigen Wortes nicht erzwungen werden kann. Also ist die ganze Auseinandersetzung ziemlich überflüssig, und ich halte es eher mit der Astrologie, die uns versichert, dass das Wassermannzeitalter schon begonnen hat.

Kurz gesagt, die postmoderne Antwort auf die Frage nach dem gelingenden Leben würde lauten: Man muss die emotionalen

Grundlagen der Sprache in sich selbst auflösen, also das Unbewusste, was naturgemäß nicht so ganz einfach sein dürfte! Ich hatte als Unbewusstes hauptsächlich die beiden sprachbezogenen Emotionen Angst und Stolz angeführt, und es ginge darum, einen persönlichen Ausgleich zwischen diesen beiden Emotionen herstellen zu können, was unter Umständen durch die Berücksichtigung der Zeitvektoren möglich wäre: Angst blickt in die Zukunft, Stolz in die Vergangenheit und im Ansatz müssten die beiden einander theoretisch treffen, im Ausgangspunkt. Und um noch ein wenig Theorie mitzuliefern, den mit der Postmoderne eng verbundenen Terminus der Dekonstruktion: Die Dekonstruktion bezieht sich im Wesentlichen auf das Ich. Ich weiß, das ist eine sehr persönliche Betrachtung, aber immerhin basiert sie auf Erfahrungswerten!

Mikaela, ich hoffe, ich habe Dich nicht gelangweilt und vielleicht trotz all des Blödsinns Deine Sensibilität für irgendwelche Begriffe unterstützt. Dabei sollte jedoch nichts von alledem wörtlich genommen werden!

Herzliche Grüße,

Erich Maier